Psychologie de la négociation

Catalogage avant publication de Bibliothèque et Archives Canada

Poitras, Jean

Psychologie de la négociation
(Collection Psychologie)
ISBN 978-2-7640-1271-0

1. Négociations. 2. Résolution de problèmes. 3. Relations humaines. I. Bélair, Fernand. II. Titre. III. Collection: Collection Psychologie (Éditions Quebecor).

BF637.N4P64 2007 158'.5 C2007-941636-5

7, chemin Bates
Montréal (Québec) Canada
H2V 4V7

Dépôt légal: 2007
Bibliothèque et Archives nationales du Québec

Pour en savoir davantage sur nos publications,
visitez notre site: www.quebecoreditions.com

Éditeur: Jacques Simard
Conception de la couverture: Bernard Langlois
Illustration de la couverture: Corbis
Conception graphique: Sandra Laforest
Infographie: Claude Bergeron

Imprimé au Canada

Gouvernement du Québec – Programme de crédit d'impôt pour l'édition de livres – Gestion SODEC.

L'Éditeur bénéficie du soutien de la Société de développement des entreprises culturelles du Québec pour son programme d'édition.

Nous reconnaissons l'aide financière du gouvernement du Canada par l'entremise du Programme d'aide au développement de l'industrie de l'édition (PADIÉ) pour nos activités d'édition.

DISTRIBUTEURS EXCLUSIFS:

- Pour le Canada et les États-Unis:
  MESSAGERIES ADP*
  2315, rue de la Province
  Longueuil, Québec J4G 1G4
  Tél.: (450) 640-1237
  Télécopieur: (450) 674-6237
  * une division du Groupe Sogides inc.,
  filiale du Groupe Livre Quebecor Média inc.
- Pour la France et les autres pays:
  INTERFORUM editis
  Immeuble Paryseine, 3, Allée de la Seine
  94854 Ivry CEDEX
  Tél.: 33 (0) 4 49 59 11 56/91
  Télécopieur: 33 (0) 1 49 59 11 33

  Service commande France Métropolitaine
  Tél.: 33 (0) 2 38 32 71 00
  Télécopieur: 33 (0) 2 38 32 71 28
  Internet: www.interforum.fr

  Service commandes Export – DOM-TOM
  Télécopieur: 33 (0) 2 38 32 78 86
  Internet: www.interforum.fr
  Courriel: cdes-export@interforum.fr
- Pour la Suisse:
  INTERFORUM editis SUISSE
  Case postale 69 – CH 1701 Fribourg – Suisse
  Tél.: 41 (0) 26 460 80 60
  Télécopieur: 41 (0) 26 460 80 68
  Internet: www.interforumsuisse.ch
  Courriel: office@interforumsuisse.ch

  Distributeur: OLF S.A.
  ZI. 3, Corminboeuf
  Case postale 1061 – CH 1701 Fribourg – Suisse

  Commandes: Tél.: 41 (0) 26 467 53 33
  Télécopieur: 41 (0) 26 467 54 66
  Internet: www.olf.ch
  Courriel: information@olf.ch
- Pour la Belgique et le Luxembourg:
  INTERFORUM editis BENELUX S.A.
  Boulevard de l'Europe 117,
  B-1301 Wavre – Belgique
  Tél.: 32 (0) 10 42 03 20
  Télécopieur: 32 (0) 10 41 20 24
  Internet: www.interforum.be
  Courriel: info@interforum.be

JEAN POITRAS, Ph. D.

Psychologie de la **négociation**

AVEC LA COLLABORATION DE

Fernand Bélair, CRHA

LES ÉDITIONS
Quebecor
QUEBECOR MEDIA

Remerciements

La rédaction de ce livre a été rendue possible grâce à une subvention d'aide à la publication et à la diffusion de la recherche provenant des fonds de HEC Montréal.

Les auteurs remercient les assistants de recherche ayant collaboré au projet, David Ménard, Thomas Wyaux et Manuel Théberge, tous étudiants à HEC Montréal.

Introduction

Sommes-nous des négociateurs parfaitement rationnels ?

La raison et la logique ne peuvent rien contre l'entêtement et la sottise.

Sacha Guitry

M. Gustave possède une écurie. Depuis trois ans, il offre un service de pension aux propriétaires de chevaux qui habitent en ville et désirent pratiquer l'équitation les fins de semaine sans avoir leurs propres équipements. Six propriétaires de chevaux ont donc accepté de laisser leurs bêtes chez M. Gustave, moyennant une pension de 340 $ par mois pour la garde et l'entretien des animaux. Afin de mieux accommoder ses clients, M. Gustave s'engage même à installer, dans les quatre prochains mois, un lavabo sans eau chaude ainsi que des toilettes dans l'écurie.

Après cette période, les propriétaires constatent toutefois que M. Gustave a bien installé le lavabo dans l'écurie, mais il n'y a toujours pas de toilettes. Même s'ils sont très satisfaits des services de

M. Gustave, ceux-ci jugent l'absence de toilettes inadmissible puisqu'ils se voient obligés de marcher une centaine de mètres pour utiliser celles de M. Gustave, qui en profite alors pour prendre de leurs nouvelles au cours de conversations interminables.

Un samedi matin, un des propriétaires de chevaux, excédé par l'inaction de M. Gustave, l'affronte au sujet des toilettes en lui disant : « M. Gustave, vous traitez mieux les chevaux que leurs propriétaires. Si vous continuez ainsi, on va finir par croire que vos promesses constituent de la fausse publicité ! Ce n'est pas très bon pour vos affaires, ça ! » M. Gustave juge opportun de ne pas répliquer à ces propos, mais il n'en ressent pas moins une profonde blessure, d'autant plus que ses locataire lui sont très sympathiques.

Après cinq mois d'attente, les toilettes n'étant toujours pas installées, les propriétaires de chevaux décident de se réunir pour discuter de la situation et trouver une solution. À cette occasion, un des propriétaires déclare : « Gustave n'a pas tenu parole ! » Cette réaction est amplifiée par le fait que M. Gustave, ayant revu ses coûts à la hausse, leur a en plus demandé de bien vouloir patienter encore un an et de couvrir une partie des coûts d'installation des toilettes en payant 400 $ par mois au lieu des 340 $ prévus. Selon les propriétaires, la situation est devenue tout simplement inacceptable ; ils refusent donc de payer l'augmentation demandée. Devant ce refus, M. Gustave les traite d'ingrats.

Même si les propriétaires désirent laisser leurs chevaux chez M. Gustave, ceux-ci choisissent de réagir avec fermeté : pas de délai supplémentaire pour l'installation des toilettes ni de hausse de frais de pension. Il est temps de lui donner une leçon ! À cette fin, M. Dubé, prêt à mettre son honneur en jeu devant ses pairs, décide de prendre l'affaire en main et de représenter le groupe de propriétaires auprès de M. Gustave : « Faites-moi confiance, vous allez voir, M. Gustave n'obtiendra rien de plus et il va devoir respecter ses engagements à la lettre ! »

Quelques jours plus tard, M. Gustave et M. Dubé se rencontrent au café du coin ; l'atmosphère est très tendue. M. Gustave ressent beaucoup de colère, considérant que les propriétaires ont porté atteinte à son intégrité lorsque l'un d'entre eux a injustement insinué qu'il faisait de la fausse publicité et profitait de ses clients. Or, M. Dubé, tout comme d'autres propriétaires, ignore tout de l'altercation antérieure avec l'un d'eux, alors que M. Gustave croit que l'incident est connu de tous et qu'il mérite, de ce fait et avant toute autre chose, des excuses en bonne et due forme. De plus, il demeure convaincu que sa profonde frustration est plus qu'évidente pour M. Dubé. Pourtant, ce dernier semble l'ignorer.

M. Gustave précise qu'une étude du sol, confirmée par un rapport d'ingénieur, révèle que le niveau de la nappe phréatique est particulièrement élevé sous l'écurie et que cela engendre des frais supplémentaires pour l'aménagement des toilettes. Les délais additionnels qui y sont associés sont, par conséquent, justifiés. Les toilettes seront installées l'année prochaine parce que M. Gustave ne dispose pas des fonds nécessaires pour le faire dans les délais prévus. Quant au loyer, il passera à 400 $ dès le mois prochain.

M. Dubé accorde peu de crédit à la réalité décrite par M. Gustave et profite plutôt de cette rencontre pour rappeler les détails de l'entente initiale. On ne discute que du respect de la promesse et des contraintes qui peuvent justifier le report de celle-ci. Pour M. Dubé, les choses sont claires : M. Gustave doit céder et respecter sa parole ! Il ne fera donc aucune concession, tel qu'il l'a promis à ses collègues. M. Gustave se refuse, pour sa part, à accommoder un groupe qui l'a insulté.

Les échanges entre M. Dubé et M. Gustave deviennent de plus en plus tendus. Il n'y a vraiment rien à faire, les deux hommes demeurent essentiellement sur leurs positions. Le ton monte. Trente minutes plus tard, c'est l'échec de la négociation : ils menacent tous deux de régler l'affaire en brisant le contrat ! Les deux protagonistes retournent chez eux amers, puisque le départ des propriétaires de chevaux ne constituait pas leur premier choix. Chacun blâme l'autre pour la détérioration rapide des discussions.

Le concept de rationalité limitée

Pour un observateur, les réactions de M. Dubé et de M. Gustave peuvent paraître irrationnelles. Pourtant, même si le comportement des deux hommes semble quelque peu incohérent, ils agissent en fait en fonction de leur propre perception de la situation et de préjugés dont ils sont eux-mêmes plus ou moins conscients. Selon eux, leurs comportements ont un sens : ils correspondent à leurs perceptions.

Dans le cadre d'une négociation, surtout quand elle s'avère difficile, le niveau de rationalité des parties est parfois limité par des phénomènes psychologiques qui les portent à réagir aux comportements de la partie adverse de manière inadéquate. Sommes-nous des négociateurs parfaitement rationnels ? La réponse est non. En fait, sans la mise en œuvre de stratégies qui permettent de déjouer ces pièges psychologiques, les négociations risquent de dégénérer et d'aboutir à des impasses inutiles.

Reprenons la situation impliquant M. Dubé et M. Gustave. Lorsqu'on ne tient pas compte des pièges psychologiques, la tournure des événements peut paraître quelque peu exagérée. Pourtant, comme nous allons le constater plus loin, leurs réactions sont motivées par un ensemble de facteurs liés à la dynamique psychologique des négociations.

Convaincus que leur point de vue est incontestable, incapables d'accorder une certaine valeur à la réalité de l'autre, cantonnés dans des positions qu'ils considèrent comme les seules acceptables et souhaitant avoir gain de cause à tout prix pour protéger leur image, les deux hommes en viennent à oublier l'objet principal de leur négociation et laissent se créer entre eux un antagonisme et un cycle de compétition lourds de conséquences pour le déroulement des négociations. Ils cessent ainsi de s'écouter et d'entendre leurs préoccupations, manquant par le fait même l'occasion d'explorer des avenues prometteuses et satisfaisantes pour les deux parties. En fait, ils cessent de négocier rationnellement.

Dans le cas présent, le conflit ne devrait pas en théorie déboucher sur une rupture de la relation et des négociations. En effet, c'est le dernier choix des deux protagonistes. Or, le fait que M. Dubé et M. Gustave soient victimes des phénomènes d'illusion de transparence, de dévaluation réactionnelle et d'ancrage, pour ne nommer que ceux-là, et qu'ils souhaitent maintenant et, surtout, sauver la face avant toute chose, les a menés à une détérioration de leurs communications et au blocage de leurs négociations. Ce sont ces divers pièges psychologiques du processus de négociation que nous aborderons dans cet ouvrage.

Les pièges psychologiques et le processus de négociation

Il importe d'abord de placer l'étude des pièges psychologiques par rapport aux modèles de négociation proprement dits. Notre ouvrage se veut un complément aux nombreuses publications portant sur le processus des négociations en tant que tel, incluant celle relative à l'approche de négociation raisonnée élaborée par Fisher et Ury (1991). Puisqu'il s'agit d'un modèle classique, nous en résumerons les quatre principes : exprimer des demandes sous forme d'intérêts et non de positions ; rechercher des solutions gagnants-gagnants ; évaluer les solutions avec des critères objectifs établis conjointement et susceptibles de satisfaire les deux parties ; enfin, séparer les personnes des enjeux de fond.

Le premier principe, se concentrer sur les intérêts plutôt que sur les positions, précise que les besoins, les demandes ou encore les désirs des négociateurs ont davantage de chances d'être satisfaits lorsqu'ils sont présentés sous la forme d'intérêts que s'ils sont exprimés en tant que positions. En effet, la position représente la solution privilégiée pour satisfaire les intérêts, mais il y en a d'autres. Par exemple, la position de M. Dubé repose sur le fait que M. Gustave doit respecter sa promesse. Par contre, son intérêt est d'avoir accès à des toilettes le plus vite possible. En négociant sur les intérêts, on diversifie ainsi les possibilités de solutions. Ainsi, M. Gustave pourrait accommoder temporairement les propriétaires en installant des toilettes chimiques, le temps que l'aménagement des cabinets d'aisances soit fait. De plus, l'autre partie peut parfaitement reconnaître la validité de l'intérêt tout en rejetant la solution proposée.

Le deuxième principe, rechercher des solutions gagnants-gagnants, met de l'avant la conciliation des intérêts des parties au moyen de solutions mutuellement acceptables. Ainsi, les négociateurs sont invités à utiliser la technique du remue-méninges pour dégager un ensemble de solutions qui prennent en compte les intérêts des deux parties. Par exemple, M. Dubé et M. Gustave pourraient discuter de la meilleure manière d'installer des toilettes tout en respectant le cadre financier de M. Gustave, au lieu d'argumenter sur la valeur de la promesse verbale de celui-ci. L'objectif est donc de remplacer l'argumentation par une approche de résolution de problème.

Le troisième principe propose d'utiliser des critères objectifs pour choisir la solution finale. Les critères objectifs par excellence sont la satisfaction des intérêts des parties. En d'autres termes, la solution devra satisfaire aux deux parties mutuellement, en particulier en ce qui concerne leurs intérêts communs. De plus, un sous-objectif de ce principe consiste à dépersonnaliser la prise de décision. Ainsi, M. Dubé et M. Gustave pourraient s'entendre pour baser la hausse du prix de la pension des chevaux sur ce qui est demandé par les autres écuries. On ne parle plus de savoir qui a gagné, mais de trouver la solution comportant le plus de valeur ajoutée et de la justifier avec des critères neutres et objectifs.

Finalement, le dernier principe stipule qu'il faut traiter séparément des questions de personne et des enjeux de fond afin que la méthode de négociation raisonnée atteigne son plein potentiel. Ainsi, les négociateurs devraient mettre de côté les problèmes relationnels et se concentrer sur l'aspect résolution de problème. En effet, comme nous avons pu le constater avec M. Dubé et M. Gustave, une mauvaise dynamique relationnelle les a conduits à un blocage des négociations. Toutefois, est-ce possible de séparer les enjeux de fond des enjeux relationnels, surtout lorsque ces derniers sont parfois inconscients ?

Vous aurez deviné qu'il s'agit du maillon faible de cette méthode de négociation, qui propose pourtant un cadre de négociation efficace. En effet, à partir du moment où les deux parties interagissent, il y a une multitude de perceptions, de signaux subtils et, souvent, involontaires, de réactions, d'intentions et de réflexions non validées qui conduisent à des malentendus et qui viennent nuire à la relation et, donc, à la négociation. En d'autres termes, la dimension psychologique amène subtilement mais sûrement les individus à s'écarter du dialogue ouvert, de l'approche de résolution de problème et de l'évaluation objective des solutions. Ainsi, les coûts associés à une mauvaise gestion des pièges psychologiques peuvent être catastrophiques.

Les facteurs déterminant les résultats d'une négociation

Il appert d'ores et déjà que toute négociation comporte deux grandes composantes : un processus de concessions susceptible de conduire les parties vers une résolution des problèmes et l'établissement d'une relation de travail permettant de soutenir ce processus. Avant d'aborder plus en détail les différents phénomènes psychologiques présents au cours d'une négociation, nous pouvons plus formellement postuler que le succès d'une négociation est proportionnel (α) aux aptitudes en résolution de problème des négociateurs moins l'impact de certains pièges psychologiques. La formule suivante permet d'illustrer cette équation :

$$\text{SUCCÈS} \propto \text{RÉSOLUTION DE PROBLÈME} - \text{PIÈGES PSYCHOLOGIQUES}$$

Il va sans dire que les négociateurs doivent idéalement acquérir et mettre en pratique des compétences sur deux plans. Dans un premier temps, la résolution de problème demeure au cœur de la recherche d'une entente satisfaisante. À cet effet, les principes de la négociation raisonnée sont utiles. Plus on se centre sur les intérêts, la recherche de solutions gagnants-gagnants et les critères objectifs, plus la résolution de problème sera efficace. Par le fait même, plus la négociation sera rationnelle. Malheureusement, les négociations ne sont pas faites par des ordinateurs et, la nature humaine étant ce qu'elle est, les pièges psychologiques peuvent handicaper le niveau de résolution de problème.

Dans un deuxième temps, il devient nécessaire pour tout négociateur de contrôler l'ensemble des pièges psychologiques pouvant altérer le processus de négociation. Pour ce faire, il convient de très bien comprendre les aspects psychologiques qui ont un impact sur la dynamique d'une négociation et sur son issue. Fort heureusement, il est possible d'apprendre non seulement à les reconnaître, mais aussi à les désamorcer, et même à les utiliser à son avantage. C'est d'ailleurs l'objectif de ce livre.

L'organisation de l'ouvrage

Cet ouvrage vise à permettre au lecteur de se sensibiliser et de mieux comprendre les phénomènes psychologiques sous-jacents à toute dynamique relationnelle entourant des négociations, de lui fournir un ensemble de stratégies susceptibles de désamorcer ces phénomènes et parfois même de capitaliser sur ceux-ci pour obtenir les meilleurs résultats. Pour ce faire, nous explorerons huit pièges psychologiques que nous avons regroupés autour des trois phases d'un processus de négociation.

D'abord, nous explorerons les problématiques psychologiques reliées à l'amorce des négociations. C'est durant cette phase que les parties apprennent à se connaître, évaluent si elles vont coopérer ou entrer en compétition et essaient de définir les enjeux de la négociation. Deux pièges sont particulièrement présents à cette étape. Nous discuterons de l'effet Pygmalion et de l'illusion de transparence.

Ensuite, nous analyserons des problématiques reliées à l'étape du marchandage. C'est là que se trouve le cœur d'une négociation. Les parties cherchent alors, par diverses concessions, à amener l'autre à conclure une entente. Cette phase d'exploration d'options de solutions est particulièrement vulnérable à quatre pièges psychologiques qui peuvent réduire la marge de négociation, voire conduire les parties vers une impasse. Ainsi, nous aborderons le phénomène de l'ancrage, de l'escalade des engagements, de l'accentuation des pertes et de la dévaluation réactionnelle.

Finalement, nous explorerons les problématiques reliées à la conclusion d'une entente. En effet, les négociateurs expérimentés savent qu'une phase critique des négociations se joue juste avant l'acceptation finale. Les parties évaluent alors si cette entente est raisonnable et juste et, surtout, de quoi elles auront l'air si elles la signent. Deux pièges peuvent faire achopper la conclusion de l'entente. Nous discuterons de la recherche d'équité et de l'image de soi.

Notre expérience nous a démontré que l'application des stratégies proposées dans ce livre vous permettra de bâtir de meilleures relations de négociation, de désamorcer les pièges psychologiques de la négociation et de maximiser ainsi l'approche de résolution de problèmes. Somme toute, la maîtrise de ces stratégies fera de vous des négociateurs plus « rationnels ».

Bibliographie

Bazerman, M. H. et M. A. Neale (1992). *Negotiating Rationally*, New York, Free Press, 196 pages.

Fisher, R., W. Ury et B. Patton (1991). *Getting to Yes: Negotiating Agreement Without Giving in*, New York, Penguin Books, 200 pages.

Chapitre 1

L'effet Pygmalion et la compétition inutile

Les autres sont des miroirs qui nous renvoient notre propre image.

Gao Xingjian

Rosenthal et Jacobson relatent une expérience où l'on remet deux groupes de rats génétiquement identiques à des étudiants chargés de les dresser[1]. On leur indique que le premier groupe est composé d'animaux particulièrement doués, alors que le second est composé d'animaux qui le sont beaucoup moins. Par la suite, on observe que les étudiants se comportent à leur égard de manière très différente : affection et intérêt pour les premiers, indifférence relative pour les autres. Comme on peut s'en douter, les résultats du dressage confirment le pronostic fait aux étudiants : les premiers rats retrouvent facilement leur chemin dans le labyrinthe, alors que les seconds errent sur place.

Des expériences similaires ont été réalisées en milieu scolaire et on reconnaît aujourd'hui que les attentes de l'éducateur peuvent influencer grandement le comportement et la performance des élèves. En effet, en raison notamment des renforcements que les enseignants prodiguent à leurs élèves en fonction du préjugé favorable ou défavorable qu'ils entretiennent, ils façonnent le rendement de ceux-ci. On a alors observé que les différentes attentes des enseignants « s'autoréalisent » dans les deux

1. Pour plus de détails, voir « Pygmalion in the Classroom » de R. Rosenthal et L. Jacobson.

tiers des études recensées[2]. Ainsi, leurs attentes ont un impact sur le comportement de leurs élèves.

Dans le cadre de la négociation, on peut se demander comment les attentes à l'égard des autres, spécialement vis-à-vis de la compétition éventuelle, peuvent influencer les comportements et les résultats. Plusieurs recherches ont démontré que lorsque les gens s'attendent à ce que leur opposant se montre compétitif, celui-ci semblera l'être à leurs yeux, même lorsque ces prévisions ne correspondent pas du tout à la réalité[3]. Ils pourront alors adopter inutilement un comportement agressif envers l'autre.

Toutes ces études convergent vers un phénomène psychologique qui a été décrit comme « l'effet Pygmalion ». Dans un cadre de négociation, celui-ci se traduit par une adaptation de l'intention des négociateurs de se montrer compétitifs ou coopérateurs et basée sur leur perception de l'autre plutôt que de la réalité. Ce chapitre porte sur trois volets de l'effet Pygmalion. D'abord, nous essaierons de comprendre les facteurs à la source du phénomène. Ensuite, nous décrirons les effets et les conséquences de ce phénomène sur le déroulement et la réussite d'une négociation. Enfin, nous proposerons quelques stratégies susceptibles d'éviter ces écueils.

L'effet Pygmalion

On parle généralement d'effet Pygmalion lorsque, à l'égard de l'autre, des anticipations pas nécessairement justes se dégagent d'informations préliminaires et entraînent des comportements envers celui-ci qui en viennent à recréer, par induction, les attentes

2. Conclusion de Rosenthal et Rubin établie en 1978 et rapportée par R. D. Vallerand dans *Les fondements de la psychologie sociale*, p. 254.
3. Recherche rapportée par K. A. Diekmann, A. E. Tenbrunsel et A. D. Galinsky dans *Journal of Personality and Social Psychology*, p. 678.

préliminaires[4]. Concrètement, la mécanique de l'effet Pygmalion est plutôt simple : les attentes initiales de A influencent le comportement de B, et la réaction de B face au comportement de A vient confirmer les attentes de celui-ci[5]. Autrement dit, nos appréhensions peuvent nous faire agir envers l'autre de façon à provoquer chez lui le comportement attendu. Plus spécifiquement, l'effet Pygmalion se divise en trois étapes.

Dans un premier temps, l'image que je me fais de l'autre va influencer mon comportement et guider mes actions à son égard. Par exemple, si je crois avoir affaire à une personne ouverte, je vais généralement l'aborder de façon positive et amicale. De la même manière, si j'ai l'impression que l'autre sera fermé ou bloqué, je l'aborderai généralement de façon défensive ou compétitive.

Dans un deuxième temps, mon comportement influence la réaction de l'autre à mon égard. Ainsi, en poursuivant notre exemple, si je pense que l'autre est une personne ouverte et que je l'aborde avec un esprit amical, il réagira généralement aussi avec de l'ouverture. L'inverse est également vrai. Si j'entame des discussions en étant défensif, car j'ai l'impression que l'autre est fermé, il y a de fortes chances que l'autre me renvoie ma propre fermeture en se montrant lui aussi hésitant à me donner de l'information.

Enfin, la troisième étape est un cycle de renforcement où les comportements de l'autre viennent confirmer l'image que je m'en faisais. L'aspect pervers de l'effet Pygmalion est qu'on oublie qu'on est peut-être à l'origine de toute cette dynamique. Prenons l'exemple de la personne que je percevais comme fermée et avec

4. Concept modifié de Merton introduit en 1948 et rapporté par K. A. Diekmann, A. E. Tenbrunsel et A. D. Galinsky dans *Journal of Personality and Social Psychology*, p. 678.

5. Définition fournie par R. J. Vallerand dans *Les fondements de la psychologie sociale*, p. 789.

laquelle j'ai initialement agi de façon défensive. À cette étape, si la personne me démontre des attitudes de fermeture en réponse aux miennes, j'interpréterai ses comportements comme hostiles, non comme le résultat de mes propres comportements, mais plutôt comme une preuve qu'elle est belle et bien compétitive. Je me trouve ainsi à renforcer mon attitude négative de l'autre.

Pour illustrer la séquence globale de l'effet Pygmalion, prenons un exemple emprunté à la scène internationale : un pays A s'attend à ce que le pays B se montre hostile, donc il augmente son armement en conséquence. Puisque le pays B considère à son tour ces actions comme une menace à sa sécurité, il augmente à son tour son armement, geste rapidement interprété par le pays A comme une confirmation on ne peut plus claire du niveau d'agressivité de B[6].

Le préjugé d'antagonisme

Un des facteurs pouvant alimenter l'effet Pygmalion est le préjugé d'antagonisme. En négociation, celui-ci se définit comme une tendance des parties à exagérer l'écart entre leurs intérêts respectifs. Cela les pousse à croire que les gains que l'autre désire faire ne peuvent se réaliser qu'au détriment des leurs, exactement comme si les intérêts des uns et des autres ne pouvaient être qu'exclusifs. Pourtant, ce n'est pas nécessairement le cas. Ce préjugé peut inciter les négociateurs à anticiper une collaboration difficile avec l'autre et à se protéger en adoptant un comportement fermé, voire compétitif. Il va sans dire que plus une personne est sujette au préjugé d'antagonisme, plus elle risque de provoquer l'effet Pygmalion et de créer ainsi un climat de compétition inutile.

6. Exemple rapporté dans *Les fondements de la psychologie sociale*, p. 254.

La relation entre les parties

L'effet Pygmalion est aussi influencé par la relation entre les parties. Ainsi, il arrive que les négociateurs se connaissent et qu'ils aient déjà une opinion arrêtée sur les attitudes et les comportements des uns et des autres. Par ailleurs, il arrive aussi qu'ils ne se connaissent guère ou très peu. Dans ce cas, surtout quand ils ne prennent pas vraiment le temps d'établir un contact au début de la négociation, il peut devenir particulièrement difficile de prévoir précisément le style et le comportement de la contrepartie. Le manque d'information au sujet de l'autre laisse place à l'incertitude, aux inquiétudes et aux préjugés, spécialement quand on manque soi-même d'assurance en matière de négociation. Cette incertitude fait place à la paranoïa, et puisqu'il est plus facile d'imaginer un interlocuteur compétitif que coopératif, celle-ci peut nourrir l'effet Pygmalion. Cela s'avère d'autant plus vrai si les deux négociateurs ont peu d'expérience et s'ils tombent tous les deux dans le piège de l'interprétation.

Les effets sur les négociations

Maintenant que l'on comprend mieux l'effet Pygmalion, il peut être intéressant de nommer et d'expliquer les problématiques qu'il soulève dans un contexte de négociation. On se penchera notamment sur les conséquences suivantes : l'entraînement des parties dans un cycle de compétition inutile et la possibilité qu'elles en arrivent à des ententes bien en deçà des possibilités.

La compétition inutile

Comme nous l'avons déjà vu, l'anticipation de la compétitivité de l'autre pourra avoir des conséquences sur les comportements initiaux lors d'une négociation et, par conséquent, sur le climat général des discussions. Craignant de devoir faire face à un individu potentiellement compétitif, les parties pourront alors adopter des attitudes de plus grande défense ou de plus grande fermeture afin de protéger leurs positions. Ainsi, les deux camps seront entraînés dans une compétition accidentelle provoquant une escalade superflue qui ne repose en fait que sur des perceptions erronées. C'est ainsi que l'effet Pygmalion peut conduire accidentellement les parties à un climat de compétition inutile.

Prenons l'exemple d'une négociation autour du prix d'une maison ancestrale où l'acheteur, très intéressé, s'attend à une compétition particulièrement vive du propriétaire actuel. En effet, l'acheteur présume que le propriétaire entretient un fort lien émotif avec sa maison et, conséquemment, qu'il sera difficile d'obtenir un bon prix. Pourtant, cette perception n'est que pure spéculation et ne s'appuie sur rien de concret. Pourtant, il agit de façon intransigeante dès le début des négociations et décide d'aborder le vendeur en soulignant immédiatement les défauts de la maison afin de briser la résistance anticipée de ce dernier. Le vendeur, constatant qu'on dénigre la maison, est insulté et défend fermement ses positions. L'acheteur perçoit alors cette résistance comme la preuve que les négociations seront difficiles et les deux parties entrent alors dans une dynamique compétitive.

Les ententes en deçà des possibilités

Dans le processus de négociation, plusieurs gains ne sont possibles que grâce à la collaboration des parties. Ainsi, en visant la compétition sans d'abord explorer la collaboration, on peut passer à côté de ces gains mutuels. On se retrouve alors avec une entente en deçà des possibilités, car on a évacué plusieurs options qui auraient pu être façonnées dans un climat de collaboration. En effet, on peut passer de la collaboration à la compétition, mais le chemin inverse est beaucoup plus difficile, voire impossible. Cette situation sera d'autant plus fâcheuse que les parties voulaient à l'origine collaborer, mais ont malheureusement créé un climat improductif par inadvertance.

Prenons l'exemple de l'achat d'un terrain où les négociations ont été particulièrement difficiles. Le vendeur possède un lot près de son domaine qui comprend un lac et une rivière. Dans un climat de compétition, il est possible que les parties s'entendent finalement sur un prix pour le lot avec certaines concessions financières. Cependant, si l'on avait opté pour une approche collaboratrice, peut-être que le propriétaire aurait accepté de vendre le terrain avec un droit de passage permettant à l'acheteur d'avoir accès à la rivière ou au lac. Cette possibilité n'aurait été envisageable que dans un esprit de collaboration, puisque le vendeur doit d'abord trouver l'acheteur sympathique.

L'évitement de la compétition inutile

Maintenant qu'on a présenté les conséquences de l'effet Pygmalion, il devient intéressant d'étudier quelques stratégies susceptibles d'en réduire les effets négatifs. On verra donc des stratégies prônant la nécessité d'établir un niveau de contact minimal avant de négocier, d'envoyer un signal clair de son désir de collaborer et, enfin, d'adopter une perspective globale dans les discussions.

Établir un niveau de contact minimal avant de négocier

Plus on connaît l'autre, moins on laisse de place à nos stéréotypes et à nos anticipations, et plus on est centré sur les faits pour prédire son comportement. En effet, nos attributions sont davantage fondées sur notre connaissance de l'autre et moins sur nos perceptions. Souvent, le fait de démarrer le processus de négociation en ayant recours à une approche de compétition provient de nos anticipations ; on ne connaît pas l'autre et on lui attribue des intentions négatives. Prendre l'habitude de mieux connaître l'autre avant de négocier peut donc s'avérer stratégique.

Par exemple, avant de commencer une importante négociation, les représentants des deux parties proposent de faire une rencontre préliminaire pour établir un premier contact. Évidemment, l'intention principale demeure d'entreprendre les négociations, mais en échangeant sur différents sujets, les négociateurs en viennent à mieux comprendre comment l'autre fonctionne. Ainsi, en discutant avec son vis-à-vis, un représentant remarque que celui-ci est particulièrement sensible aux détails et plutôt analytique dans son raisonnement. Sachant cela, si, en cours de discussion, l'autre partie met beaucoup de temps à se décider, insiste sur des détails et répond très lentement aux propositions qui sont faites, le représentant comprendra qu'il ne s'agit pas d'une stratégie de manipulation compétitive de l'adversaire, mais plutôt de son comportement naturel. Au lieu de contre-attaquer avec une stratégie qui détruirait le climat de collaboration, le représentant fait preuve de patience et conclut l'affaire à la satisfaction de tous. Mieux connaître son interlocuteur permet donc de réduire les chances que s'installe accidentellement un climat de compétition.

Envoyer un signal clair de son désir de collaborer

La motivation des parties à coopérer est rarement le problème principal d'une négociation. L'erreur typique est plutôt que les parties n'envoient pas toujours de signal clair à cet effet. Elles ont l'impression que ce désir est tout à fait manifeste et que l'autre partie peut facilement s'en rendre compte. Pourtant, il est stratégique de faire une offre qui démontre sans équivoque sa volonté à collaborer. Ainsi, les demandes et les offres d'ouverture donnent le ton aux négociations. Une offre qui s'accompagne d'un geste d'ouverture encourage les concessions raisonnables et prédispose à un climat de collaboration. L'impact stratégique est de faciliter les concessions qui seront faites par l'autre lors de la négociation[7].

Prenons la situation suivante. Dans une négociation, une partie décide de montrer sa bonne volonté en soumettant cette pro-

7. Conclusion de Yukl (1974) rapportée par Adam D. Galinsky, Geoffrey J. Leonardelli, Gerardo A. Okhuysen et Thomas Mussweiler dans «Regulatory Focus at the Bargaining Table : Promoting Distributive and Integrative Success».

position : « Associées à cette proposition, vous trouverez ici toutes les informations dont nous disposons. Vous pourrez prendre le temps de l'étudier en détail, car il est important pour nous de vous montrer que nous sommes transparents et que nous avons à cœur de trouver réellement une solution qui sera avantageuse pour tous. » Si les informations sont complètes et honnêtes, ce petit geste d'ouverture peut donner le ton aux négociations qui suivront.

Adopter une perspective globale

Lorsqu'on adopte une démarche ou une approche pointue, on centre principalement ses efforts sur ce qu'on désire obtenir à court terme. Dans une perspective globale, en plus de viser une entente favorable, on considère également plusieurs autres éléments tels que la relation avec l'autre, les gains mutuels, les possibilités de négociations futures, sa réputation, etc. En intégrant ces aspects, il devient alors beaucoup moins intéressant d'être compétitif. Ainsi, une vision étroite des enjeux risque fort d'induire des attitudes compétitives et, à l'inverse, une perspective plus globale favorise la collaboration et la relation à long terme. Il est donc très important d'en prendre conscience, mais il l'est tout autant que l'autre partie le réalise également. En adoptant une vision globale commune, on augmente les chances d'aborder les négociations dans un cadre de collaboration.

Imaginons ceci : en voyage dans un pays étranger, une personne désire acheter certains objets qui sont en vente dans un marché public. Au lieu de simplement aborder les vendeurs immédiatement et de tenter d'obtenir le meilleur prix possible, elle prend le temps de discuter un peu avec ceux-ci. La personne explique qu'elle est nouvelle dans la ville, qu'elle y restera pour travailler et qu'elle explore le quartier pour connaître les produits offerts. Lorsque viendra le temps d'acheter des biens, les vendeurs auront compris qu'ils ont intérêt à entretenir cette relation en négociant raisonnablement. En effet, si le client est satisfait, il risque fort de revenir. Ainsi, obtenir des bons prix en créant une vision à long terme permettra à tout le monde d'y trouver son compte.

En résumé

L'effet Pygmalion peut provoquer par inadvertance un cycle d'escalade conflictuelle. En effet, si nous anticipons l'attitude compétitive de l'autre, nous pouvons, par mesure de protection, adopter une stratégie de fermeture. Celle-ci peut à son tour entraîner la fermeture de l'autre, et cette réaction sera interprétée comme une confirmation de notre anticipation. Nous renforçons ainsi notre stratégie de fermeture et nourrissons le cycle d'escalade, oubliant ainsi que nous avons provoqué la situation. L'impact sur les négociations peut être désastreux : la compétition accidentelle peut conduire à une impasse ou à de moins bons résultats que ceux qu'il aurait été possible d'obtenir en collaborant avec l'autre.

Afin d'éviter ces conséquences négatives, les parties disposent d'un certain nombre de stratégies possibles : établir un niveau de contact minimal avant de commencer les négociations, envoyer à l'autre un signal clair de son désir de collaborer et, enfin, adopter une perspective globale durant les négociations. L'objectif de ces stratégies est d'éviter d'amorcer les discussions dans un cadre de compétition, qui sera difficile d'abandonner plus tard durant les négociations.

Bibliographie

Diekmann, K., A. E. Tenbrunsel et A. D. Galinsky (2003). « From Self-Prediction to Self-Defeat: Behavioral Forecasting, Self-Fulfilling Prophecies, and the Effect of Competitive Expectations », *Journal of Personality and Social Psychology*, vol. 85, nº 4, p. 672-693.

Galinsky, A. D., G. J. Leonardelli, G. A. Okhuysen et T. Mussweiler (2005). « Regulatory Focus at the Bargaining Table: Promoting

Distributive and Integrative Success», *PSPB,* vol. 1, n° 8, p. 1087-1098.

Vallerand, R. J. (1994). *Les fondements de la psychologie sociale*, Boucherville, Gaëtan Morin éditeur, p. 253-789.

Chapitre 2

L'illusion de transparence et l'information incomplète

Si vous êtes sûr de comprendre tout ce qui se passe, vous êtes irrémédiablement à côté de vos pompes.

Walter Mondale

À la fin des années 1990, les professeurs et chercheurs Thomas Gilovich, Kenneth Savitsky et Victoria Husted Medvec ont fait des études qui les ont conduits aux conclusions suivantes : 1. les individus surestiment, dans une proportion de deux pour un, la mesure avec laquelle des observateurs externes peuvent déceler leurs pensées, leurs états d'âme ou encore leurs mensonges ; 2. les individus ont tendance à croire que leurs expressions faciales sont davantage évidentes qu'elles ne le paraissent en réalité[8].

Pour en arriver à ces conclusions, une des expériences consistait à demander à des sujets de boire une boisson au goût particulièrement amer tout en essayant de garder une expression neutre. Un second groupe d'observateurs devaient évaluer si les sujets appréciaient ou non leur boisson. Ces observateurs n'étaient pas informés de la nature de la boisson ni de la consigne donnée aux sujets. Non seulement les résultats ont démontré que les sujets surestimaient la facilité avec laquelle les observateurs pourraient constater leur dégoût, mais il n'y a eu aucune corrélation entre l'intensité du sentiment de dégoût des sujets et la perception de ce sentiment par les observateurs. Ce n'est donc pas parce qu'un sujet a l'impression d'être très dégoûté qu'il est plus transparent pour les observateurs !

8. S. M. Garcia (2002), « Power and the Illusion of Transparency in Negotiations », *Journal of Business and Psychology,* vol. 17, n° 1, p. 134.

En négociation, d'autres études par Vorauer et Ross, puis plus tard par Barr et Kleck, mènent à des conclusions similaires, à savoir que les participants surestiment la capacité des autres de déchiffrer leurs intentions avec exactitude et qu'ils ont tendance à croire qu'ils dévoilent davantage leurs émotions qu'ils ne le font réellement[9]. En somme, toutes ces recherches soutiennent l'idée selon laquelle une grande majorité des individus surestiment la capacité des autres à lire et à détecter leurs intentions et leurs émotions[10].

On peut facilement concevoir que ce phénomène engendre des défis importants quant à la clarté et aux difficultés reliées au déroulement et à la conclusion d'une négociation. Le contrôle de l'illusion de transparence est, par conséquent, une habileté importante à acquérir pour les négociateurs. Dans ce chapitre, nous aborderons ce phénomène en trois temps. Nous étudierons d'abord les fondements du phénomène de l'illusion de transparence. Ensuite, nous examinerons les conséquences sur le processus de négociation. Finalement, nous proposerons un ensemble de stratégies pour contrecarrer les effets pervers de l'illusion de transparence sur le processus de négociation.

L'illusion de transparence

Gilovich, Savitsky et Medvec définissent l'illusion de la transparence comme la tendance des gens à surestimer la facilité avec laquelle les autres peuvent discerner leurs pensées et leurs émotions[11]. Plus spécifiquement, le concept d'illusion provient de la différence entre le niveau de transparence dont pense faire preuve

---

9. *Id.*, p. 134.

10. L. Van Boven, T. Gilovich et V. H. Medvec (2003), « The Illusion of Transparency in Negotiations », *Negotiation Journal*, p. 117.

11. T. Gilovich, K. Savitsky et V. H. Medvec (1998), « The Illusion of Transparency: Biased Assessments of Others' Ability to Read One's Emotional States », *Journal of Personality and Social Psychology*, vol. 75, p. 332-346.

l'une des parties et le niveau de transparence réelle observée par l'autre partie.

La dynamique de l'illusion de transparence comporte deux dimensions principales. La première implique le niveau de bruit dans les communications et la seconde, le préjugé de l'information privilégiée. De plus, on constate que la nature même des relations entre les parties prenantes peut également influencer, voire amplifier, le préjugé d'information privilégiée. Ainsi, dans le cas de la seconde dimension, on parlera également des facteurs d'amplification que constituent le niveau de proximité entre les individus et la relation de pouvoir.

Le niveau de bruit dans les communications

Le niveau de bruit dans les communications fait référence au fait que le transfert d'information n'est jamais parfait. Il existe en effet de nombreuses sources de distorsion qui réduisent la qualité de la communication. Celles-ci proviennent, entre autres, du fait que l'émetteur et le récepteur ne partagent pas le même cadre de référence. Ainsi, il est rare de rencontrer des individus qui partagent exactement les mêmes valeurs ou expériences de vie et qui entretiennent des objectifs et des préoccupations similaires. Or, ces différences engendrent très précisément le bruit dans les communications, en ce sens qu'elles nourrissent le cadre référentiel à partir duquel toutes les nouvelles informations sont interprétées.

En ce qui a trait à l'illusion de transparence, les recherches de Mia Takeda et Makoto Numazaki révèlent que le niveau de bruit dans les communications implique que l'émetteur surestime la facilité avec laquelle ses pensées sont décodables par le récepteur[12]. On note ainsi que la teneur symbolique du message, le contexte culturel dans lequel se déroule la communication, le

12. M. Takeda et M. Numazaki (2004), *The Effects of Relationship Intimacy on Two Types of Illusion of Transparency*, SPSP 5th Annual Meeting, p. 1.

sens accordé aux mots et les occasions de rétroaction entre les parties sont autant d'avenues qui peuvent faciliter ou encore compliquer le décodage d'un message. L'illusion de transparence est nourrie par le fait de tenir pour acquis que l'autre possède le même cadre de référence que nous pour décoder notre message, ce qui est rarement le cas. Beaucoup de mésententes culturelles résultent du bruit dans les communications.

Le préjugé de l'information privilégiée

Le préjugé de l'information privilégiée fait référence au fait que nous avons tendance à oublier que notre interlocuteur n'a pas directement accès aux informations privilégiées que nous possédons. Ainsi, sans s'en rendre compte, l'émetteur ne prend pas la peine de livrer toute l'information préliminaire à la compréhension de son message, car il assume que l'autre le sait. Par conséquent, l'autre ne possède pas les mêmes informations préliminaires que lui pour décoder ses intentions. Il en résulte une compréhension approximative de nos propos par notre interlocuteur, puisqu'il lui manque des pièces du casse-tête. Il en résulte une évaluation à la hausse du niveau de transparence de nos préoccupations par rapport à la capacité de l'autre de deviner correctement ses propres émotions.

Pour bien comprendre l'influence de l'information privilégiée, pensons à une situation où nous tentons de faire deviner une mélodie connue à d'autres personnes en tapant sur la surface d'une table[13]. Il nous arrive souvent de constater avec surprise et frustration que les participants ne reconnaissent pas la mélodie que nous essayons de reproduire. La raison principale est qu'ils n'ont pas accès à nos informations privilégiées, soit la mélodie, les paroles, les instruments et les harmonies que nous

13. Rapporté dans T. Gilovich, K. Savitsky et V. H. Medvec (1998), « The Illusion of Transparency : Biased Assessments of Others' Ability to Read One's Emotional States », *Journal of Personality and Social Psychology*, vol. 75, p. 332-346.

entendons en nous au moment où nous tapons sur la table. Conséquemment, nous sommes convaincus que les participants peuvent facilement deviner la mélodie, alors que les battements sur la table ne représentent pour ceux-ci qu'un rythme très approximatif, voire du bruit.

Le niveau de proximité entre les individus

Certaines études ont démontré que la proximité entre les individus peut amplifier l'illusion de transparence[14]. La raison est simple : la proximité entre les individus implique, entre autres, qu'ils croient que leurs intentions peuvent plus facilement être décelées par un partenaire que par un inconnu. Ainsi, ils auront tendance à ne fournir qu'une partie des informations lorsqu'ils communiquent entre eux. Croyant que la proximité est gage de communication fluide, ils se donnent encore moins la peine de diffuser l'information de base, ce qui amplifie le préjugé d'information privilégiée et, par ricochet, l'illusion de transparence.

De plus, ces personnes surestimeront également leur capacité à bien comprendre leur partenaire, car elles croiront avoir les mêmes informations préliminaires que celui-ci étant donné leur proximité. On parlera dans ce cas d'illusion de transparence à double sens[15], puisque, dans les deux cas, les individus surestiment le niveau de transparence de leurs propres intentions et de celles de leur partenaire. C'est pourquoi l'illusion de transparence peut être plus forte entre des parties qui se connaissent bien.

14. M. Takeda et M. Numazaki (2004), p. 6.

15. *Id.*

La relation de pouvoir

L'étude de Stephen M. Garcia[16] démontre qu'une relation de pouvoir renforce l'illusion de transparence pour la personne qui est subordonnée. Par exemple, un employé aura davantage tendance à surestimer le niveau de transparence réelle de ses préoccupations vis-à-vis de son patron. Par conséquent, il s'attendra à ce que ce dernier devine facilement la teneur de ses préoccupations – après tout, le patron doit bien être au courant de tout. Ainsi, les employés pensent que leur supérieur peut détecter facilement leurs préférences lorsqu'ils communiquent avec celui-ci et ils auront tendance à ne pas divulguer tous les détails. Quand le patron ne répondra pas positivement à leurs préoccupations, ils attribueront son attitude non à un manque d'information, mais à un manque de volonté de les accommoder.

L'impact sur les négociations

Nous allons explorer ici les deux principales problématiques associées à l'illusion de transparence dans un contexte de négociation, soit la détérioration des relations entre les parties et la diminution de l'atteinte des objectifs de négociation.

La détérioration des relations

Comme nous l'avons mentionné précédemment, le fait de surestimer le niveau de transparence réelle de nos pensées et préoccupations implique que nous aurons tendance à retenir certaines informations parce que nous sommes persuadés que notre interlocuteur a déjà perçu nos priorités et nos préférences. Qui plus est, l'illusion de transparence peut également nous inciter à croire que nous avons laissé transparaître trop d'informations au cours des premiers échanges avec notre interlocuteur et, par conséquent, à retenir de nouvelles informations pour ne pas

16. S. M. Garcia (2002), « Power and the Illusion of Transparency in Negotiations », *Journal of Business and Psychology*, vol. 17, n° 1, p. 133.

être vulnérables. D'un côté nous nous attendons à ce que l'autre perçoive facilement nos priorités et, de l'autre côté, nous communiquons peu nos priorités par crainte de trop ouvrir notre jeu. Voilà une recette parfaite de détérioration des relations.

Le fait de ne pas divulguer toutes les informations nécessaires à la compréhension de la situation (puisque nous croyons que l'autre est au courant) risque de susciter la méfiance chez notre interlocuteur. En réaction à ce qu'il perçoit être une fermeture de notre part, celui-ci retiendra aussi des informations (parce qu'il croit être trop transparent). Cette réserve dont fait preuve notre interlocuteur sera, dans le sens inverse, interprétée comme un refus de coopération, ce qui nous amènera à réagir en retour et à retenir davantage d'informations. On voit ainsi apparaître une boucle de renforcement positif pouvant mener à une détérioration des relations entre les parties[17].

Par exemple, un couple discute de sa fin de semaine. Pour Marie, la journée de travail a été exténuante et elle est particulièrement fatiguée. Convaincue que Pierre se rend compte de son état, elle est surprise de l'entendre lui proposer d'aller passer la soirée chez ses amis. Marie n'est évidemment pas intéressée par cette invitation, car elle aurait plutôt aimé passer une soirée relaxante afin de pouvoir récupérer. Par ailleurs, Pierre conclut que Marie n'aime pas beaucoup ses amis. L'illusion de transparence et le malentendu subséquent auront donc contribué à embrouiller inutilement la situation entre ces deux personnes.

La diminution de l'atteinte des objectifs de négociation

L'illusion de transparence peut également limiter considérablement l'atteinte des objectifs de négociation. En effet, l'illusion de transparence nous amène à ne communiquer que partiellement nos préférences et besoins. Or, sans ces informations, il

17. Van Bowen, Gilovich et Medvec (2003), p. 129.

est difficile pour notre interlocuteur de les deviner précisément et, par conséquent, de proposer des concessions qui répondent véritablement à nos attentes[18]. Il en résulte une certaine frustration qui limite l'atteinte de résultats concluants, puisque les concessions ne satisfont pas les attentes respectives des parties prenantes.

Le problème est que l'insatisfaction par rapport aux propositions ne sera pas attribuée au manque d'informations mais à la mauvaise volonté de l'autre. Dans les relations de couple, ce genre de malentendu débouche sur la phrase typique : « Comment veux-tu que je le fasse si tu ne me dis pas ce que tu veux ? » En négociation, la situation laisse à penser que l'autre est peu coopératif, voire chiche.

Songeons à une situation de négociation où l'une des deux parties désire des excuses, mais ne l'affiche pas ouvertement (estimant que l'autre partie le sait). Aussi, même si les discussions débouchent sur une solution acceptable et qu'on obtient une entente finale, un certain malaise persistera car la première partie demeurera insatisfaite. En effet, cette dernière n'a pas obtenu le dédommagement moral qu'elle considérait comme légitime. Elle attribue ce mutisme à la mauvaise volonté de l'autre partie. Résultat : l'une des deux parties restera insatisfaite malgré tous les efforts qui auront permis d'en arriver à une entente. À la limite, elle cherchera à se dérober de l'entente pour provoquer un nouveau *round* de négociation et ainsi peut-être obtenir des excuses.

La prévention de l'information incomplète

Comme nous venons de le voir, l'illusion de transparence limite le processus de négociation : partage limité d'informations, solutions n'incluant pas toutes les priorités, frustrations, voire dété-

18. Gilovich *et al.*, 1998.

rioration des relations entre les parties. La stratégie globale qui permet de désamorcer le phénomène de l'illusion de transparence est la mise en œuvre de mécanismes efficaces de communication. Plus spécifiquement, nous proposons trois moyens qui réduisent l'illusion de transparence dans un contexte de négociation.

Créer une liste des besoins à considérer

Nous avons pu constater que l'illusion de transparence fait en sorte que les vrais besoins et préoccupations ne sont pas communiqués efficacement à l'autre. Pourtant, le fait d'être capable de nommer précisément nos objectifs et nos intérêts pendant la négociation facilite la présentation par notre interlocuteur d'offres satisfaisantes. Pour contrer l'illusion de transparence, il peut être stratégique de systématiser le processus de communication de nos priorités.

Il est donc conseillé aux négociateurs d'établir une liste reprenant l'ensemble des points clés qu'ils souhaitent aborder lors d'une négociation. Celle-ci permet de s'assurer que toutes les informations nécessaires à la recherche d'une solution créative seront communiquées à l'autre. Cette liste peut également être enrichie d'une seconde qui renferme les prémisses sous-tendant les priorités et les besoins, afin de s'assurer que tout le monde a le même cadre de référence.

Imaginons une situation où, à la suite d'un bris de tuyaux d'aqueduc ayant causé des dégâts chez plusieurs copropriétaires d'un édifice, leur représentant rencontre le délégué de la ville pour discuter des indemnisations possibles. S'étant particulièrement bien préparé, il présente une liste des éléments qui ont particulièrement incommodé les résidants et les points qui, selon eux, sont les plus importants à régler. D'entrée de jeu, le représentant de la ville est étonné d'apprendre que l'essentiel des demandes porte non pas autour des indemnisations, mais plutôt sur la façon d'éviter que ce genre d'événement se reproduise à l'avenir. Sachant maintenant cela, le délégué de la ville demande un report de la rencontre afin de pouvoir mieux étudier la faisabilité des propositions des résidants et préparer des offres d'aménagement qui seront axées sur la prévention et non seulement sur les indemnisations. Ainsi, en expliquant dès le départ les besoins à satisfaire, les discussions auront rapidement pu être réorientées sur les éléments fondamentaux du problème.

Partager un maximum d'information

Comme nous l'avons mentionné précédemment, l'illusion de transparence amène les négociateurs en position d'infériorité à retenir certaines informations parce qu'ils pensent que leur interlocuteur les détient déjà. Ainsi, bien qu'il soit tout à fait légitime de ne pas divulguer certaines informations critiques pour mieux se protéger, il est important de réaliser que pour en arriver à satisfaire nos intérêts, encore faut-il que l'autre partie sache ce qui nous importe. Afin de contrer ce réflexe, il convient pour les parties prenantes de s'assurer de partager volontairement leurs informations, afin de créer un espace de négociation commun au sein duquel ils pourront accueillir leurs priorités, leurs besoins et leurs objectifs respectifs.

Il est toutefois préférable pour les parties d'échanger progressivement leurs informations afin de mesurer graduellement le niveau de coopération de la partie adverse. On conseille ainsi aux individus impliqués dans un processus de négociation de révéler leur liste de préférences et de besoins, point par point, au lieu de fournir à leur interlocuteur une liste complète d'un seul trait. Cette façon de faire permet de détecter la volonté de l'autre partie d'amener la négociation vers l'atteinte de solutions mutuellement satisfaisantes. Il est aussi important de diffuser un peu plus d'informations qu'on ne le juge nécessaire afin de contrebalancer l'illusion de transparence.

Pour illustrer cette stratégie, prenons l'exemple d'un patron qui négocie avec deux chefs d'équipe, Jean et Marc, pour l'attribution des ressources dans le cas d'un projet majeur. Au cours des discussions, le patron leur assigne un groupe spécifique d'employés, mais il ignore que, dans les deux cas, les chefs d'équipe ont chacun respectivement un conflit majeur avec un des employés faisant partie de leur nouvelle équipe de travail. Un peu surpris, Jean assume que son supérieur est insensible à sa situation et qu'il s'agit peut-être d'un test pour voir comment il est capable de gérer des situations délicates. Il décide donc de ne rien dire et, comme il l'anticipait, le projet s'enlise et les difficultés interrelationnelles viennent miner gravement le climat de travail. Contrairement au premier chef d'équipe, Marc passe pardessus son orgueil et décide de rencontrer son superviseur en privé pour lui faire part de sa situation. Il réalise alors que son patron ignore tout de ce conflit et lui propose de remplacer l'employé avec lequel il est en mauvais termes par un autre. Pour Marc, la suite du projet se déroulera tout à fait normalement et le fait d'avoir partagé un maximum de renseignements avec son supérieur aura permis de trouver une solution gagnant-gagnant.

Faire appel à un tiers neutre

Une dernière stratégie consiste à faire intervenir un tiers neutre afin d'inciter les parties à divulguer toutes les informations pertinentes ou à les clarifier lors de la négociation afin qu'il puisse intervenir en connaissance de cause. Ce faisant, les parties s'informent mutuellement sur leurs objectifs et préférences respectifs. Elles peuvent, à leur grande surprise, voir l'autre partie révéler des faits importants au tiers, ce qui facilite la compréhension globale de la situation et, ainsi, le dénouement du conflit. La présence d'un tiers neutre peut donc neutraliser l'illusion de transparence.

De plus, le tiers neutre peut faciliter les échanges d'informations délicates entre les parties, plus spécifiquement celles que les parties ne souhaitent pas d'emblée communiquer ouvertement. On peut ainsi imaginer une négociation dans laquelle l'une des parties communique des informations stratégiques au tiers neutre en spécifiant que si l'autre ouvre son jeu, il peut révéler alors ces informations. Celui-ci fait alors office de courroie de transmission des informations entre les parties.

L'exemple qui suit permet d'illustrer l'utilité d'un tiers neutre. Dans une entreprise de services-conseils, Denis constate que la salle de documentation est légèrement en désordre. Il prend donc l'initiative de faire un peu de classement. Ce qu'il ne sait pas, c'est qu'un de ses collègues, Pierre, a disposé les documents de la salle dans un ordre spécifique qui permet de distinguer rapidement quelles informations appartiennent à quels projets en cours. Plus tard, lorsque Pierre réalise qu'on a défait cet ordre logique, sans lui demander son avis, il interprète l'initiative de Denis comme une manière d'imposer ses façons de faire. À partir de ce moment, le climat de travail dégénère et tous deux en viennent à ne plus être capables de se côtoyer, chacun étant convaincu que l'autre essaie de lui nuire pour mieux paraître. Comme la situation est devenue sérieuse, la direction décide de faire appel à un tiers neutre pour gérer ce conflit. Ainsi, en demandant à chacune des parties de présenter en détail leur perception de l'autre, le tiers neutre met au jour les origines du désaccord. En comprenant qu'un geste de bonne volonté est à la base du reclassement de la salle de documentation, les deux employés réalisent qu'il n'y a absolument rien de personnel dans cette histoire et que leur conflit repose sur un banal malentendu. Pourtant, avant l'arrivée du tiers neutre, ceux-ci n'avaient jamais abordé le sujet croyant que ce fait était évident pour tout le monde.

En résumé

Le préjugé de l'illusion de transparence est la tendance à surestimer le niveau de diffusion de nos aspirations et priorités. Le phénomène résulte, entre autres, du fait que nous projetons l'état de nos propres connaissances sur nos interlocuteurs alors que ceux-ci n'ont pas accès à ce type d'informations privilégiées.

Conséquemment, nous croyons que nos aspirations et priorités sont beaucoup plus apparentes à l'autre qu'elles ne le sont en réalité. Ce phénomène implique des défis importants pour la conduite fructueuse d'un processus de négociation, notamment en ce qui concerne la divulgation partielle d'informations, la confusion autour des objectifs, besoins et préférences des parties, l'impression de mauvaise volonté ainsi que la détérioration des relations.

Les mécanismes proposés pour désamorcer le phénomène de l'illusion de transparence en cours de négociation relèvent principalement de l'établissement d'une bonne communication. Pour ce faire, il convient de dresser une liste des informations essentielles pour comprendre l'ensemble de la situation, et plus particulièrement nos priorités. À partir de cette liste, nous pourrons divulguer stratégiquement et systématiquement toute l'information nécessaire pour que l'autre s'ouvre et fasse des concessions pouvant nous satisfaire. Lorsque le processus de communication est déficient, le recours à un tiers neutre servant d'intermédiaire peut s'avérer un moyen efficace de désamorcer l'illusion de transparence.

Bibliographie

Garcia, S. M. (2002). «Power and the Illusion of Transparency in Negotiations», *Journal of Business and Psychology*, vol. 17, n° 1, p. 133-143.

Gilovich, T., K. Savitsky et V. H. Medvec (1998). «The Illusion of Transparency: Biased Assessments of Others Ability to Read One's Emotional States», *Journal of Personality and Social Psychology*, vol. 75, p. 332-346.

Takeda, M. et M. Numazaki (2004). *The Effects of Relationship Intimacy on Two Types of Illusion of Transparency*, SPSP 5th Annual Meeting.

Van Boven, L., T. Gilovich et V. Husted Medvec (2003). « The Illusion of Transparency in Negotiations », *Negotiation Journal*, p. 117-130.

Chapitre 3

Le phénomène d'ancrage et la réduction des options

Chacun a raison de son propre point de vue,
mais il n'est pas impossible que tout le monde ait tort.

Mahatma Gandhi

Au cours des années 1970, les professeurs Kahneman et Tversky ont mené une expérience auprès de deux groupes d'étudiants en leur demandant de déterminer le pourcentage des pays africains membres des Nations Unies[19]. Avant que ceux-ci répondent, on a fait tourner devant eux une roulette portant les chiffres de 1 à 100. Dans le cas du premier groupe, la roulette s'est arrêtée à 10 %, et dans le cas du second, à 65 %. On avait au préalable demandé au premier groupe si le pourcentage des pays africains membres était supérieur ou inférieur à 10 %; et au second groupe, si ce pourcentage était supérieur ou inférieur à 65 %. Après ce questionnement préliminaire, les étudiants devaient fournir leur évaluation quant au pourcentage des pays africains membres des Nations Unies. Les estimations moyennes du premier groupe se sont établies à 24 % et celles du second, à 45 %. Cela a démontré qu'un élément d'information non pertinent, soit le nombre aléatoire indiqué par la roulette, semblait influencer les évaluations des membres des deux groupes.

Dans une autre étude similaire, deux groupes de vérificateurs en provenance de huit grandes firmes comptables ont été interrogés sur le nombre de fraudes commises par des cadres gestionnaires dans les 1000 entreprises auprès desquelles ils avaient pu

19. Rapporté par David A. Lax et James K. Sebenius dans *Les gestionnaires et la négociation*. p. 153-154.

mener une vérification[20]. On a demandé tout d'abord au premier groupe si ce pourcentage correspondait à plus ou moins 1 %, puis de faire une estimation précise du pourcentage de fraudes liées à la gestion survenues au sein de ces mêmes entreprises. Le second groupe a eu le même traitement, à la seule différence que la question initiale affichait un taux de 20 %. Le premier groupe a estimé le niveau de fraudes à 1,65 % et le second, à 4,31 %. Cela a démontré encore une fois que le jugement des deux groupes de vérificateurs avait sans doute été affecté par une donnée n'ayant absolument aucune pertinence statistique, soit la question initiale.

Ce phénomène psychologique a été appelé effet d'ancrage. En négociation, il portera principalement sur les premières offres qui ont été faites. Comme nous avons pu le constater dans les exemples précédents, ce phénomène est très important dans le processus de négociation ; ainsi, les offres initiales influenceront la zone d'ententes possibles et, par conséquent, l'entente finale. D'ailleurs, il est fréquent de voir des personnes en venir à négocier de façon tout à fait irrationnelle parce qu'elles deviennent complètement aveuglées par leur point d'ancrage[21].

Dans ce chapitre, il sera tout d'abord question de la mécanique de l'effet d'ancrage. Puis, nous éluciderons ses conséquences afin de mieux en saisir leur portée sur les négociations. Enfin, nous offrirons des conseils pour aider les négociateurs à contrôler l'effet d'ancrage.

Le phénomène de l'ancrage

L'effet d'ancrage est un phénomène selon lequel l'exploration des solutions tourne uniquement autour d'une offre initiale,

---

20. Rapporté par Max H. Bazerman et Margaret A. Neale dans *Negotiating Rationally*, p. 25.

21. Rapporté par Bazerman et Neale dans *Negotiating Rationally*, p. 25.

qui devient le point d'ancrage. Ce dernier, sans être nécessairement objectif et réaliste, modifie néanmoins la perception de ce qu'il est possible de réaliser au cours de la négociation et s'impose comme une référence contre laquelle l'issue des discussions sera comparée.

Un point d'ancrage peut être formulé par l'une des parties de manière consciente ou inconsciente et peut être vu ou non par l'autre partie[22] ; en ce sens, il est principalement inconscient. En effet, le phénomène d'ancrage est très insidieux, car le simple fait de considérer la première offre d'une négociation crée automatiquement un point d'ancrage, malgré la volonté des parties en cause. Nous verrons aussi que l'effet d'ancrage peut être stratégiquement provoqué. Deux facteurs sont particulièrement importants dans la création d'un point d'ancrage : l'effet de primauté et l'effet de l'argumentation.

L'effet de primauté

Plus une première offre est mise rapidement sur la table lors des négociations, plus elle risque de devenir un point d'ancrage. En effet, la force du point d'ancrage est intimement liée à la rapidité avec laquelle la première offre est faite. À partir du moment où une proposition est considérée, c'est-à-dire que l'autre partie accepte d'en discuter, on crée un point d'ancrage. Les discussions seront alors fortement influencées par cette proposition initialc. Qui plus est, il devient alors très difficile de créer de nouveaux points d'ancrage en plein milieu du processus de négociation. En effet, plus les discussions progressent, plus les parties s'en remettent aux propositions initiales. Ainsi, le point d'ancrage se solidifie.

22. Expliqué par Roy J. Lewicki, David M. Saunders et Bruce Barry dans *Negociation*, p. 145-146.

L'effet de l'argumentation

La base du mécanisme de l'ancrage est relativement simple : une proposition est formulée par une première partie qui la justifie à partir de critères plus ou moins objectifs. Le simple fait que l'autre partie discute de cette offre ou tente de l'ajuster par une contre-proposition donne de la crédibilité à la première offre. Plus l'autre partie argumente, plus le point d'ancrage prend force. Ainsi, une proposition initiale déraisonnable crée beaucoup de résistance et d'argumentation. Plus l'autre essaie de discréditer cette offre, plus il donne paradoxalement de force au point d'ancrage !

Si nous avons abordé le point d'ancrage comme un mécanisme inconscient, il ne faut pas perdre de vue qu'il est aussi tout à fait possible d'en faire un usage stratégique. En effet, une proposition de base (qui nous avantage), appuyée par certains critères, sur laquelle on amène l'autre à discuter peut devenir un puissant levier pour influencer la suite des négociations en notre faveur. Il s'agit en quelque sorte d'amener l'autre à négocier sur notre terrain. Le négociateur avisé doit éviter les pièges de l'effet d'ancrage tout en essayant de l'utiliser à son avantage.

Les effets sur les négociations

Maintenant que les manifestations et les sources de l'effet d'ancrage ont été présentées, il est intéressant de voir en quoi il peut engendrer un certain nombre de problèmes lors d'un processus de négociation. Nous analyserons plus spécifiquement quatre problématiques liées à cet effet ; celles-ci sont toutes reliées à la limitation des options de solution.

La transformation d'un ballon d'essai en solution privilégiée

Un négociateur entretient le plus souvent une certaine incertitude quant au résultat maximal qu'il peut espérer obtenir ou, à l'inverse, au résultat minimal que l'autre sera prêt à accepter. Dans ces situations, le négociateur peut être tenté de lancer une quelconque proposition pour tester le terrain[23]. Malheureusement, même s'il s'agit d'une offre de départ, celle-ci, à cause du phénomène d'ancrage, peut rapidement devenir un point de référence pour le reste des discussions, même si ce n'était pas le but visé.

Ainsi, la première difficulté de l'effet d'ancrage est le risque qu'un ballon d'essai ne devienne par inadvertance un point de repère pour évaluer les concessions futures. Le problème est que ce point d'ancrage peut rendre les négociateurs intransigeants si le ballon d'essai s'avère irréaliste et doit être réajusté par la suite. En effet, le réajustement semblera être pour la partie qui l'a émis une concession plutôt qu'un nouveau départ. L'exemple suivant illustre bien ce phénomène.

Un propriétaire désire vendre sa résidence lui-même. Faute de temps, il ne se soucie pas d'étudier le marché immobilier et juge que sa maison vaut 300 000 $. Après plusieurs semaines sans acheteurs, il fait appel aux services d'une agente immobilière. Celle-ci tente de le convaincre de baisser son prix à 260 000 $ (ce qui est plus réaliste). Même si son premier prix de 300 000 $ ne reposait sur rien de valide, il est difficile pour le vendeur d'accepter de revoir son prix de vente à la baisse, soit une diminution de 40 000 $, car son estimation initiale (son ballon d'essai) est devenue pour lui un point d'ancrage. Il sera plus difficile pour lui de négocier la vente de sa maison car, à ses yeux, le prix demandé correspond déjà à un rabais de 40 000 $. À cause de l'effet d'ancrage, ce vendeur risque d'être intransigeant avec des acheteurs potentiels.

23. Rapporté par L. Putnam et M. Holmer dans *Communication and Negotiation* (1992), p. 132.

La réduction du potentiel de gain

Il va sans dire qu'il peut être avantageux d'être le premier à faire une proposition solide et ferme. En effet, si une partie réussit à imposer son point d'ancrage, elle réussira alors généralement à dominer les négociations. Conséquemment, tout négociateur a avantage à faire l'offre qui deviendra le point d'ancrage. Ici, nous examinerons le cas contraire.

Lorsque l'autre partie prend l'initiative de la proposition de départ, le fait de discuter de celle-ci, même si c'est pour la contester, donne de la force à ce point d'ancrage. Si ce dernier est suffisamment puissant, on peut même en venir à diminuer ses propres aspirations en fonction du point d'ancrage de l'autre ! En n'étant pas conscient de ce piège, on peut alors donner un avantage stratégique à la personne qui fait la première proposition. En ne sachant pas ce qui est en train de se jouer, c'est-à-dire le point d'ancrage, on en vient alors à diminuer son potentiel de gain. De plus, le point d'ancrage peut s'établir passivement, comme dans l'exemple suivant.

Restons dans le domaine de l'immobilier. Une personne désire faire l'acquisition d'une résidence et consulte les inscriptions de plusieurs courtiers en immobilier sur Internet. Dans cette situation, le simple fait d'examiner ces informations vient créer des points d'ancrage en faveur des vendeurs. En effet, puisque la première chose présentée est le prix demandé pour chacune des résidences, tout acheteur potentiel sera fortement influencé par cette information qui devient de fait un point d'ancrage. L'acheteur en viendra probablement à définir ses aspirations en fonction des prix demandés. Pourtant, celui-ci aurait avantage à fixer ses aspirations sur les prix de vente moyens dans le secteur, une mesure plus objective du prix qu'il peut s'attendre à payer.

Le risque de positionnement hors de la zone d'ententes possibles

Un effet d'ancrage trop rapide peut également faire échouer les négociations avant même qu'elles débutent ! En effet, si la proposition de départ n'est pas dans la zone d'ententes possibles, il est envisageable qu'une des parties en vienne à croire qu'il n'y aura guère de possibilité d'entente sans des concessions importantes de sa part. Ne voyant pas l'intérêt de mettre tant d'efforts pour ramener le débat vers ses aspirations, elle pourrait tout simplement se décourager et abandonner le processus de négociation. Évidemment, le risque est d'autant plus présent que les propositions avancées sont vraiment exagérées, voire irréalistes.

C'est pourquoi il est conseillé de prendre le temps de comprendre les possibilités avant de faire une première offre, afin d'en faire une à la fois près de nos aspirations maximales et à l'intérieur de la zone d'ententes possibles. L'art de la négociation consiste à prendre le temps de saisir les aspirations de l'autre tout en étant assez rapide pour faire la première offre et bénéficier de l'effet d'ancrage. Adopter une stratégie d'intransigeance en faisant des offres exagérées sans comprendre le contexte a généralement pour résultat de faire fuir les négociateurs en mettant fin prématurément aux négociations.

Il en serait ainsi de la négociation sur le prix de la résidence d'un propriétaire pour laquelle un acheteur fait une offre de 225 000 $ alors que le prix demandé est de 300 000 $. Il est à noter que l'acheteur est disposé à investir près de 300 000 $, mais pour faire baisser le prix du vendeur, il décide de faire une offre très basse pour donner le ton. Malheureusement, étant donné cet écart considérable, le propriétaire s'imagine qu'il n'a à peu près aucune chance de s'entendre sur un montant raisonnable avec cet acheteur. Dans cette négociation, l'impasse est essentiellement due au point d'ancrage que vient de créer l'acheteur ; les aspirations semblent impossibles à réconcilier. Il est probable que le propriétaire préférera ne pas donner suite aux discussions.

La diminution de l'éventail des options possibles

Malgré tout ce que nous avons dit, le principal désavantage de l'effet d'ancrage consiste à diminuer la créativité des négociateurs. En effet, non seulement l'ancrage fixe le point autour duquel gravitera la solution finale, mais il établit également le type de solution qui sera recherché. Si la proposition de départ ne comprend qu'une dimension financière, il sera plus difficile par la suite pour les négociateurs d'imaginer des accommodements non financiers pour créer des possibilités d'entente, ce qui limite ainsi la créativité des parties, à savoir leur capacité de générer plusieurs options de solutions.

Ainsi, les parties se mettent à ne rechercher qu'une solution qui gravite autour du point d'ancrage qui vient de s'imposer. Elles cessent donc d'explorer d'autres types de solutions qui pourraient orienter la négociation dans un sens plus avantageux pour les deux parties. En d'autres termes, l'effet d'ancrage porte atteinte à la créativité, puisque les négociateurs ont tendance à se rabattre trop rapidement sur un seul élément, le point d'ancrage, et à négliger tout ce qu'il pourrait y avoir autour. C'est un peu comme si, en plein milieu d'une séance de remue-méninges, les intervenants évacuaient toute nouvelle avenue pour n'en considérer qu'une seule, inhibant ainsi l'essence même du processus créatif.

L'exemple présenté dans l'introduction illustre bien ce point. Les propriétaires de chevaux insistaient pour que M. Gustave respecte intégralement sa promesse d'installer des toilettes dans l'écurie : c'est là un point d'ancrage des négociations. En effet, pour les propriétaires de chevaux, le besoin à satisfaire consistait à avoir des toilettes qu'ils puissent utiliser à leur discrétion. De plus, l'obstacle majeur était essentiellement associé au coût élevé de l'installation d'une fosse septique. En sortant du cadre de la promesse, une solution simple aurait été d'installer des toilettes attenantes à la maison de M. Gustave et dont l'accès se serait fait par l'extérieur. Ainsi, on aurait pu satisfaire les deux parties. Les propriétaires de chevaux auraient eu leurs toilettes personnelles et M. Gustave aurait pu respecter son budget en raccordant la nouvelle installation à ses installations sanitaires déjà existantes. On voit clairement par cet exemple qu'en demeurant campé sur le respect intégral de la promesse, on a court-circuité tout le processus créatif de résolution de problème.

L'abstention de la limitation inutile des options de solution

Être capable de contrôler l'effet d'ancrage est une habileté importante à acquérir pour devenir un négociateur efficace. Qu'il s'agisse de retarder l'effet d'ancrage pour favoriser la créativité, de déjouer les tentatives de prise de position avantageuse faites par l'autre dans les négociations ou encore d'utiliser l'effet d'ancrage pour faciliter nos revendications, plusieurs stratégies sont possibles.

Discuter des intérêts respectifs avant de soumettre une proposition

Considérant les effets néfastes d'un ancrage trop rapide, une stratégie de base consiste à tout mettre en œuvre pour retarder le plus possible les offres initiales. Plus les parties sont en mesure d'attendre avant de laisser un point d'ancrage s'imposer durant les négociations, plus elles sont intéressées à comprendre les différents besoins et à considérer une variété d'options de solution.

Lorsque les parties prennent le temps de discuter de leurs besoins et de leurs priorités, elles ouvrent la porte à des accommodements qui peuvent compléter avantageusement une transaction. Pour bien les explorer, elles doivent acquérir l'habitude de poser au tout début des questions sur les besoins d'autrui au lieu de faire des propositions rapides. Ainsi, si l'autre fait une proposition rapide, il peut être stratégique de lui répondre qu'avant d'examiner son offre, vous voulez d'abord lui exposer vos priorités pour ensuite comprendre les siennes. De cette façon, vous ne court-circuiterez pas le potentiel créatif de la négociation.

Par exemple, lors de négociations entourant la valeur d'une résidence, les parties auront avantage à saisir ce qui est en jeu dans l'esprit de l'autre. Par exemple, l'acheteur pourrait aimer savoir que le vendeur a bien hâte de vendre sa résidence afin de compléter une récente transaction qui lui permettra de prendre sa retraite dans la province de son enfance. Par ailleurs, le fait d'apprendre que l'acheteur a l'intention de faire une mise de fonds importante sur l'achat de sa prochaine maison peut susciter des possibilités. Ayant ces informations en main, l'acheteur pourra proposer un prix un peu plus bas en échange d'une transaction rapide incluant une avance de fonds qui permettra au vendeur de finaliser à son tour rapidement son projet.

Préparer une proposition de départ

Une autre stratégie qui a pour but de se prémunir contre l'effet d'ancrage consiste à se préparer rigoureusement à l'exercice de négociation. Les éléments clés de cette préparation sont la reconnaissance de nos priorités (les besoins que nous voulons satisfaire) et de nos objectifs (les seuils minimums à atteindre). Une bonne proposition nous permettra de négocier en respectant nos priorités et nos objectifs, et non à partir des propositions d'autrui. Cette préparation sera d'autant plus efficace si nous préparons d'avance une proposition de départ. Ainsi, si l'autre nous prend de court avec son offre, nous éviterons d'avoir à établir notre contre-proposition en fonction de cette position plutôt que de nos aspirations.

En étant bien préparé, on risque moins d'être influencé par le point d'ancrage de l'autre, puisqu'il nous est toujours possible de revenir à notre plan de match et ainsi demeurer centré sur nos intérêts. De plus, la préparation peut inclure une étude des transactions récentes. Si on connaît bien le marché, il nous est alors plus facile d'évaluer si la position de l'autre est réaliste ou non. Si elle l'est, il peut être opportun malgré tout de la considérer. Si elle ne l'est pas, mieux vaut ne pas mordre à l'hameçon.

Songeons à une situation où l'on aurait à négocier un contrat d'assurance. Avant toute chose, le courtier propose une vaste gamme de services et insiste sur le fait que l'assurance offre une couverture complète et que d'y souscrire constitue donc une occasion à ne pas manquer. Devant cette proposition, l'acheteur averti aura au préalable un estimé de ce que cela lui coûterait pour s'assurer ailleurs pour les mêmes protections. Ainsi, au lieu de négocier autour du point de départ du vendeur, il pourra commencer les négociations autour du prix de la concurrence. Cette position plus stratégique devrait ainsi lui permettre de négocier un meilleur prix.

Substituer sa proposition de départ à celle de l'autre

Comme nous l'avons vu, accepter de négocier à partir de la position initiale de l'autre donne un avantage stratégique. En conséquence, il y a plus souvent lieu de refuser de répondre à la position initiale de l'autre partie. Au pire, il faut même refuser d'amorcer des négociations autour d'une proposition irréaliste de l'autre. Des recherches ont en effet démontré que la partie qui accepte d'amorcer des négociations autour de la proposition de l'autre court le risque évident de se retrouver «perdante» à la fin des négociations.

Les travaux de Liebert, Smith, Hill et Keiffer[24] ont établi que, lors d'une négociation, les parties ayant peu d'expérience en la matière ont tendance à utiliser l'offre d'ouverture de l'autre partie pour ajuster leurs propres positions. Par contre, les négociateurs plus avertis contre-attaquent avec leur proposition de

24. Rapportés par David A. Lax et James K. Sebenius dans *Les gestionnaires et la négociation*, p. 154.

départ. Quelle proposition aura le plus de poids pour créer un effet d'ancrage ? Ce sera l'offre qui sera examinée en détail en premier, et non nécessairement celle qui est la plus logique. Dans cette optique, une offre écrite aura plus de poids qu'une offre verbale, simplement parce que l'autre doit prendre le temps de la lire pour la comprendre.

Lors de la négociation d'un contrat commercial, une des deux parties annonce verbalement les conditions qu'elle juge acceptables. Au lieu de discuter de ces conditions, l'autre partie met sur la table un document présentant en détail son offre et invite la première partie à le lire attentivement pour en discuter. Ainsi, en évitant de répondre directement aux premières demandes et en proposant une offre écrite plutôt que verbale, cette partie retourne la situation à son avantage en imposant son point de départ pour les négociations. En effet, puisque la partie prend le temps de lire l'offre, elle donne involontairement de la crédibilité à ce nouveau point d'ancrage.

En résumé

L'effet d'ancrage amène les négociations à être influencées par une offre initiale. Cette dernière devient alors un point d'ancrage, et la solution finale est un ajustement de celui-ci. Le phénomène de l'ancrage est pernicieux, car le seul fait de discuter d'une proposition initiale peut la valider comme point d'ancrage. Les conséquences sur les négociations sont multiples : donner un avantage stratégique à l'autre, sortir trop tôt de la zone d'ententes possibles et, surtout, limiter la créativité relative aux options de solution. Pour toutes ces raisons, il est important que le négociateur avisé maîtrise l'effet d'ancrage.

Pour le désamorcer, les négociateurs disposent de plusieurs stratégies. D'abord, les parties ont intérêt à faire porter les discussions initiales sur leurs intérêts, afin de ne pas limiter la créativité des discussions trop rapidement avec un point d'ancrage. Ensuite, une excellente préparation à la négociation, incluant une réflexion relative à ses priorités et à ses objectifs, permettra de centrer les discussions sur ce qui est réellement important et de réduire l'influence des points d'ancrage. Enfin, refuser de répondre à la proposition initiale de l'autre en y substituant la sienne est une stratégie qui permet de se positionner avantageusement pour rechercher une entente.

Bibliographie

Bazerman, M. H. et M. A. Neale (1992). *Negotiating Rationally*, New York, Free Press, 196 pages.

Lax, D. A. et J. K. Sebenius (1995). *Les gestionnaires et la négociation*, Boucherville, Gaëtan Morin éditeur, 438 pages.

Lewicki, R. J., D. M. Saunders et B. Barry (2005). *Negociation (5th edition)*, New York, McGraw-Hill Higher Education, 624 pages.

Putnam, L. et M. Holmer (1992). *Communication and Negotiation*, Newbury Park, Sage, 294 pages.

Chapitre 4

L'escalade des engagements et l'entêtement nuisible

Il faut tenir à une résolution parce qu'elle est bonne, et non parce qu'on l'a prise.

La Rochefoucauld

Dans nos cours sur les techniques de négociation, nous avons souvent recours à cet exercice classique de négociation[25]. Nous mettons aux enchères un billet de 20 $. Les intéressés sont invités à faire monter les enchères de 1 $ à la fois. Celui qui fait la dernière mise la plus élevée et la paie remporte le billet mis aux enchères. La seule différence entre cette vente et une vente aux enchères normale est que la personne qui fait la deuxième mise la plus élevée doit également remettre le montant de son offre, sans toutefois rien remporter.

Qu'observons-nous ? Un premier participant offre 1 $, puis un deuxième 2 $. Une autre personne offre 5 $, et la vente aux enchères procède ainsi rapidement jusqu'à des valeurs variant en moyenne entre 12 $ et 16 $. Chacun espère bien remporter la mise grâce à un tout petit investissement, mais oublie en même temps que les autres visent exactement le même but. Un certain nombre de participants se retirent alors, et seuls quelques autres continuent à miser. La lutte pour remporter le billet de 20 $ se poursuit à un rythme plus lent jusqu'aux environs de la valeur objective en jeu.

Ceux qui sont encore dans la joute commencent alors à se demander comment ils ont pu se retrouver dans cette fâcheuse

25. Cet exercice a été conçu par J. Z. Rubin et décrit dans *Psychological Traps*, p. 164-165.

situation et s'il est toujours pertinent de poursuivre. Ils évaluent ce qu'ils ont déjà misé, puisqu'ils se sont engagés à payer un montant pour obtenir le billet de 20 $. D'autre part, ils portent une attention particulière à ce qu'ils risquent de perdre s'ils finissent au second rang et deviennent ainsi rapidement tendus devant l'inconnu de l'issue. Après une certaine période de flottement, le deuxième plus offrant présente tout à coup une mise plus élevée et la surenchère reprend jusqu'à ce que l'un des deux participants ait épuisé ses ressources, qu'il renonce à investir davantage ou qu'il renonce à la vente aux enchères. En règle générale, le billet de 20 $ finit facilement par être vendu plus de 50 $!

Qu'est-ce qui motive les gens à accepter de participer à une telle surenchère, puis à maintenir un comportement qui mène inévitablement à des pertes? Il s'agit tout simplement du phénomène de l'escalade irrationnelle des demandes et des engagements, soit de la tendance naturelle des gens à accepter de continuer à investir dans l'espoir de récupérer leur mise. Ce phénomène dépasse la vente aux enchères du billet de 20 $: il s'applique à une foule de situations. Quand le service à la clientèle d'un fournisseur vous met en attente, qu'est-ce qui vous pousse à demeurer en ligne au-delà d'une période de temps que vous jugez déjà trop longue? Qu'est-ce qui vous porte à investir encore plus dans la réparation d'une voiture d'occasion que vous venez tout juste de faire réparer? La réponse est l'escalade des engagements. Évidemment, ce phénomène psychologique peut aussi avoir des répercussions sur les négociations.

Ce chapitre porte donc sur l'escalade irrationnelle des demandes et des engagements. D'abord, nous explorerons la mécanique des comportements d'escalade. Ensuite, nous verrons les problématiques et les conséquences sur le processus de négociation. Enfin, nous présenterons quelques stratégies pouvant aider les négociateurs à contrecarrer ces agissements et leurs répercussions sur la négociation.

Le phénomène de l'escalade irrationnelle

Plusieurs auteurs[26] définissent l'escalade irrationnelle comme la tendance des négociateurs à maintenir fermement leur ligne de conduite initiale au-delà de ce que leur dictent leurs intérêts personnels, une analyse rationnelle de la situation ou encore tout simplement la probabilité de réussite. Elle s'explique par le fait que les investissements antérieurs justifient à eux seuls la poursuite des promesses, voire l'ajout de nouveaux engagements. Ainsi, la partie souhaite récupérer le temps, l'énergie et les ressources déjà investis dans la négociation, et ses choix stratégiques sont guidés par cette motivation. Il existe trois facteurs sous-jacents au mécanisme d'escalade irrationnelle des engagements.

Le désir de remporter la mise à tout prix

Un négociateur s'investit dans une négociation parce que la transaction semble être alléchante et représenter une occasion intéressante. Parfois, le gain escompté semble si facile et séduisant qu'on est porté à vouloir plus ardemment remporter la mise. L'appât du gain empêche souvent les négociateurs d'élaborer une stratégie rationnelle. On voit alors les parties oublier de tenir compte des ressources qu'elles devront éventuellement engager pour gagner la mise.

L'esprit est alors obscurci par le mirage de la victoire. Revenons à notre vente aux enchères du 20 $. Au début, la plupart des joueurs investissent un montant de 2 $ ou de 5 $ en se disant qu'ils n'ont rien à perdre et tout à gagner. En effet, le gain semble disproportionné par rapport à la mise. L'appât du gain ou du jeu ne leur permet pas d'anticiper l'escalade et le piège que constitue la règle de la deuxième plus haute mise qui paie aussi (mais n'obtient rien). Dans bien des cas, les négociateurs ne s'aperçoivent que trop tard que l'appât du gain les a menés dans un piège parfois fatal.

---

26. Max H. Bazerman et M. A. Neale dans *Negotiating Rationally*, p. 10-11.

Le désir de récupérer les ressources investies

Comme il a été démontré dans l'exemple de la vente aux enchères du billet de 20 $, une fois engagé dans le processus, le participant s'enfonce souvent, et de plus en plus, dans le piège de l'escalade. Plus il a misé de l'argent, plus il désire préserver cet investissement et plus il tend à risquer des ressources supplémentaires pour récupérer celles déjà investies. Prenons la logique du joueur compulsif de machines à sous : s'il arrête de jouer, il perd tout le montant qu'il a misé depuis le début. Par contre, s'il continue, la chance finira bien par tourner en sa faveur. Le même phénomène permet d'expliquer la décision de demeurer en attente au téléphone pendant encore 10 minutes (même si on attend déjà depuis 10 minutes) ! On refuse tout simplement de se résigner à lâcher prise et à perdre le temps et les ressources déjà investis.

En fait, personne ne se résout facilement à l'idée d'avoir carrément perdu son temps pendant une démarche, d'avoir investi des ressources financières et des énergies de toutes sortes pour, tout à coup, abandonner la mise et ne toucher au bout du compte aucune compensation. Prenons l'analogie du singe et du fruit : un singe voit un fruit au fond d'un vase et il y plonge la main pour le saisir. En refermant la main, son poignet ne passe plus dans l'ouverture du vase. Ne voulant pas laisser le fruit, le singe reste ainsi prisonnier du vase. C'est bien plus qu'une analogie, c'est une technique utilisée pour capturer les singes en Afrique. Alors, lorsque vous voulez à tout prix conserver votre mise, demandez-vous si vous agissez en fin stratège ou encore comme le singe avec le fruit.

Le désir de préserver et de défendre son image

Le désir de préserver et de défendre son image est un autre facteur qui explique la tendance à maintenir le cap coûte que coûte. Il s'agit de démontrer à l'autre qu'on maîtrise pleinement la situation et qu'on sait constamment dans quelle direction on va.

Pour ce faire, on développe un argumentaire qui permet de justifier les décisions antérieures et, ainsi, de légitimer le maintien de la position. On ne veut tout simplement pas avouer une mauvaise décision et on préfère maintenir le cap en dépit de l'écueil vers lequel on se dirige. On n'est donc plus dans le monde tangible des montants investis, mais plutôt dans l'univers de l'honneur, de la valeur et, surtout, de l'ego.

Pour bien illustrer ce facteur, prenons l'exemple du gouvernement américain et de la guerre au Vietnam. L'administration Johnson, puis celle de Nixon, a rapidement compris que de soutenir le Vietnam du Sud était une cause perdue. Toutefois, les États-Unis pouvaient-ils vraiment retirer leurs troupes à partir de ce moment ? Comment expliquer à la population américaine la participation des États-Unis à cette guerre qui avait été décrite comme une victoire assurée ? Comment expliquer les milliers de soldats morts pour une cause perdue ? La réponse est simple : le gouvernement américain a décidé non seulement de poursuivre la guerre, mais d'y investir également encore plus de ressources. Le résultat a été une catastrophe historique.

Les effets sur les négociations

Puisque les facteurs sous-jacents à l'escalade irrationnelle des demandes et des engagements sont définis, précisons maintenant les conséquences négatives de ce phénomène sur la poursuite et la réussite d'une négociation. Nous nous pencherons donc plus particulièrement sur trois effets.

La perte de vue de l'importance des relations

Au fur et à mesure que la négociation progresse et que les parties s'engagent sur la voie de l'escalade irrationnelle des demandes et des engagements, on peut s'attendre à ce que chacun des négociateurs radicalise ses revendications. Ainsi, les parties en viennent à se concentrer davantage sur leurs propres demandes, faisant entièrement fi de la nécessité de la mutualité et de la collaboration pour atteindre leur but. Ce repli provoque nécessairement un durcissement et une détérioration des relations.

Comme nous l'avons mentionné, en cherchant à récupérer leurs investissements, les parties se campent dans leurs revendications et la concurrence s'intensifie inévitablement. Les négociateurs montent ainsi la barre des concessions demandées, car il est bien connu qu'il faut, dans toute situation de concurrence, en demander plus pour en obtenir moins. En outre, elles seront moins enclines à faire des concessions, car elles ont des investissements à «amortir». L'autre est alors perçu comme la cause de coûts additionnels et non comme un partenaire.

Par exemple, après avoir attendu une vingtaine de minutes à la banque avant qu'un préposé lui réponde, un client pourrait s'attendre à obtenir un très bon service de la part de celui-ci en compensation du temps perdu à attendre. Pour démontrer sa frustration, il pourrait aborder le préposé promptement, voire froidement. Tout en demeurant professionnel, il est fort possible que le préposé adopte une attitude distante pour montrer au client qu'il refuse de se laisser intimider. Cet exemple d'escalade illustre une détérioration inutile de la relation d'affaires. Le désir de compenser la perte de temps fait oublier l'importance d'une bonne relation.

L'amenuisement des possibilités d'entente

Dans le cadre d'une négociation, une zone d'entente est délimitée par les points de résistance des parties, c'est-à-dire le montant au-dessus ou en dessous duquel une personne n'est pas prête à aller pour conclure une entente. Par exemple, la personne qui met en vente un véhicule d'occasion peut souhaiter obtenir un minimum de 10 000 $ (point de résistance du vendeur), alors que l'acheteur est prêt à payer un maximum de 15 000 $ pour se le procurer (point de résistance de l'acheteur). Dans cet exemple, la zone d'entente possible se situe entre 10 000 $ et 15 000 $. Or, si les négociations nécessitent beaucoup d'investissement en temps et en énergie, il est possible que les parties veuillent un amortissement. Le vendeur exigera maintenant un minimum de 11 000 $ pour compenser son temps, alors que l'acheteur ne sera prêt à investir que 14 000 $. Ainsi, le désir de récupérer l'investissement a réduit la zone d'entente possible entre les parties.

Ce phénomène peut être fatal pour les négociations lorsque la zone d'entente possible en début de négociation est déjà mince. Dans ces cas, le désir de récupérer le temps et l'énergie investis peut réduire cette zone à néant. La négociation ne pourra pas aboutir en raison de l'escalade irrationnelle. Dans les situations où les parties ne peuvent pas rompre leur relation et doivent en arriver à une entente, une guerre d'usure s'ensuivra jusqu'à ce que l'une d'elles ne puisse plus «investir» dans l'escalade des engagements. Elle cédera alors la manche jusqu'à ce qu'elle reprenne suffisamment de force pour chercher une revanche.

Pour illustrer ce phénomène, prenons l'exemple d'une négociation de convention collective qui débouche sur une grève. D'une part, les employés ont espoir que l'employeur assouplisse ses positions au fur et à mesure que les coûts de la grève se font sentir pour l'entreprise. D'autre part, l'employeur croit que les employés deviendront plus raisonnables à mesure que le fonds de grève des employés s'épuise. Toutefois, l'escalade irrationnelle prédit un comportement inverse. Après un certain temps, les grévistes voudront récupérer les pertes déjà encaissées durant la grève et l'énergie investie depuis son déclenchement. Ils seront donc moins souples en ce qui concerne les concessions possibles. De même, l'employeur sera moins enclin à en faire pour compenser la perte de productivité que son entreprise vient d'encaisser. À partir du moment où les deux protagonistes ont durci leurs positions respectives pour compenser les énergies qu'ils ont investies dans la grève, les possibilités d'un règlement sont fortement réduites. C'est pour cette raison qu'en général, lorsqu'une grève ne se règle pas rapidement, elle risque de durer longtemps.

L'augmentation des coûts au-delà des bénéfices anticipés

En bout de ligne, l'escalade irrationnelle des engagements et des demandes peut pousser les parties à investir bien plus que ce qu'elles peuvent espérer retirer d'une négociation. Pour bien comprendre, revenons à l'exemple de la mise aux enchères du billet de 20 $. Lorsque quelqu'un paie 50 $ pour un billet de 20 $, il gagne la partie, mais il perd tout de même 30 $ dans l'aventure. Dans ce même jeu, il est aussi intéressant de noter que des personnes en viennent à miser plus de 100 $ pour ne récupérer que 20 % de ce montant !

Cet exemple illustre le point suivant : lorsque les coûts engagés pour obtenir quelque chose sont pris en compte, il arrive parfois que le jeu n'en vaut pas la chandelle. Malheureusement, le phénomène de l'escalade irrationnelle pousse parfois les parties dans une zone de négociation où le rapport coûts-bénéfices ne leur est plus favorable. La logique de gagner à tout prix et de sauver la face prend le dessus, souvent au détriment de la satisfaction des intérêts des parties.

L'exemple classique rapporté par Bazerman et Neale[27] à ce sujet est celui de la firme Campeau qui voulait acquérir Federated Department Stores (FDS) en 1988. Celle-ci se disputait alors l'achat de la chaîne de magasins avec son concurrent Macy's. Pour le président de Campeau, il était tout à fait inacceptable de perdre la bataille et de concéder l'acquisition à son rival. En persistant à présenter la meilleure offre, même déraisonnable, il voulait prouver aux actionnaires et aux autres partenaires privilégiés que sa firme avait eu raison de s'engager dans cette aventure.

---

27. Max H. Bazerman et Margaret A. Neale dans *Negotiating Rationally*, p. 9-10.

Au bout du compte, Campeau a remporté la mise et acheté FDS, mais à un prix qui dépassait de beaucoup la valeur réelle de la chaîne de magasins. Il peut être intéressant de mentionner que bien que la firme Campeau ait réussi à mettre la main sur la chaîne, elle a été acculée à la faillite deux années plus tard.

La désamorce de l'entêtement nuisible

Vu les effets néfastes de l'escalade irrationnelle des demandes et des engagements sur le déroulement des négociations, il devient important pour les parties de considérer trois stratégies pouvant prévenir, neutraliser ou désamorcer l'entêtement nuisible à la conclusion d'une entente.

Évaluer avec justesse le rapport des forces en jeu

Winston Churchill avait l'habitude de tenir les propos suivants: «Toujours se souvenir, même si vous êtes sûr de pouvoir aisément gagner, qu'il n'y aurait pas de guerre si l'autre personne ne pensait pas elle aussi avoir une chance[28].» Ainsi, les parties ne sont pas toujours en mesure d'évaluer avec précision leur probabilité de succès. Par ailleurs, la décision de poursuivre la course aux engagements, une négociation ardue ou encore une grève qui peut s'éterniser doit reposer sur une appréciation très juste des ressources qu'on peut continuer de risquer et de celles dont dispose l'autre partie. Vous lanceriez-vous dans l'escalade de la mise aux enchères pour mettre la main sur un billet de 20 $ si vous saviez pertinemment que l'autre joueur était millionnaire?

Malgré son importance, l'évaluation du rapport des forces en jeu est souvent bâclée. De façon générale, chaque négociateur en sait parfois trop peu sur son vis-à-vis pour juger adéquatement le rapport de force entre les deux. Les parties entretiennent bien souvent des espoirs: elles croient pouvoir facilement vaincre

28. Citation de William Reed et David H. Clark dans «War Initiators and War Winners», p. 378.

l'autre, sans jamais réellement soumettre cette croyance à une évaluation rigoureuse et objective des ressources de celui-ci. Pourtant, une bonne évaluation de la position de force de l'autre permet de tempérer le désir de remporter la mise à tout prix et peut éviter au négociateur de s'engager dans un processus d'escalade nuisible à ses intérêts.

Imaginons un magasin où les employés syndiqués croient que le patron ne pourra pas soutenir financièrement une grève déclenchée durant la période de l'année où l'entreprise réalise la majeure partie de ses profits. Pour les employés, la grève sera courte et victorieuse, et faire fléchir l'employeur sera chose facile. Toutefois, ceux-ci n'ont pas anticipé le fait que l'employeur avait prévu le coup en accumulant un important inventaire et en utilisant efficacement le personnel cadre pour faire rouler le commerce. En bout de course, les profits générés sont sensiblement les mêmes si on considère les économies réalisées par le non-versement du salaire aux grévistes. Bilan : le fond de grève s'épuise plus vite que l'inventaire de l'employeur, et les employés syndiqués doivent négocier un retour au travail en position de faiblesse. Une meilleure évaluation du rapport de force aurait peut-être permis d'éviter cette grève inutile.

Établir et respecter des paramètres de négociation

Cette approche consiste à choisir d'avance les limites de ses engagements éventuels. Il s'agit d'abord de se fixer des balises qui permettront de décider quand il n'est plus pertinent de poursuivre les négociations. L'approche peut également être renforcée par l'établissement de critères objectifs permettant d'évaluer s'il est vraiment opportun de bonifier les mises déjà engagées. Une fois qu'il a établi ses paramètres de négociation ou ses critères objectifs, le négociateur doit évidemment s'en tenir à ceux-ci et résister à la tentation de passer outre.

En effet, dans le feu de l'action, il est facile de perdre de vue ses balises et de tomber dans le piège de l'escalade irrationnelle des engagements. Plusieurs personnes qui se sont fait prendre au piège de la vente aux enchères du 20 $ nous ont confié qu'elles s'étaient pourtant dit qu'elles arrêteraient de jouer après 10 $. Toutefois, elles n'ont pas respecté leur limite parce qu'elles aimaient le défi qu'engendrait une telle situation. En ne respectant pas leurs paramètres d'investissement, elles en sont parfois venues à payer leur 20 $ plus de 50 $! L'utilisation des paramètres permet donc au négociateur de ne pas se laisser attirer par l'appât du gain ou de la compétition et de demeurer centré sur ses objectifs.

Prenons l'exemple de deux amis, Marc et Pierre, qui décident d'investir à la Bourse dans un titre prometteur mais risqué. Les deux investisseurs se sont fixé un taux de rendement cible de 20 %, et leur stratégie est simple : faire l'acquisition du titre et le vendre à partir du moment où le gain est égal à 20 %. Marc applique tel que convenu la stratégie d'investissement et vend systématiquement le titre dès qu'il atteint le seuil de 20 %. Par contre, lorsque son rendement atteint 20 %, Pierre décide d'attendre avant de vendre le titre. En effet, il espère toucher encore plus d'argent, puisque le titre est à la hausse. Son désir se réalise lorsque celui-ci atteint un rendement de 25 %. Encouragé par ce succès, Pierre décide de patienter un peu plus, au cas où il pourrait réaliser encore plus de profit. Malheureusement, l'action plonge alors subitement de 12,5 % à la suite d'une mauvaise nouvelle. C'est en se mordant les doigts que Pierre réalise qu'il aurait mieux fait de respecter, comme Marc, les paramètres de son plan d'action.

Écarter l'image sociale du jeu de la négociation

Tout bon négociateur devrait être bien conscient de son désir d'impressionner les autres afin de ne pas être victime de son orgueil. Combien d'entre eux tombent dans le piège de vouloir paraître victorieux, provoquant ainsi l'échec d'une négociation qui s'annonçait fructueuse ? À cet effet, le professeur Roger Fisher et ses collègues soutiennent qu'il est primordial de rester centré sur la réalisation d'objectifs concrets, puisque défendre son image sociale se fait souvent aux dépens de ces objectifs[29]. Le piège de l'orgueil est un problème difficile à éviter lorsque les négociations se déroulent devant un public.

À cet effet, il est stratégique de garder une négociation à huis clos le plus possible. Moins il y a de témoins des discussions, moins l'orgueil en prendra un coup lorsqu'on devra se retirer des négociations ou changer de position. Trop souvent, des négociateurs font des déclarations publiques sur leurs engagements de façon maladroite et se retrouvent par la suite «peinturés dans le coin». Ils doivent alors maintenir le cap, même s'ils se dirigent vers un précipice, afin de montrer à tout le monde qu'ils n'ont pas fait d'erreur de jugement. Parfois, la meilleure stratégie consiste à sortir les négociations de la sphère publique pour mieux contrôler l'escalade des engagements.

Pour illustrer ce point, prenons l'exemple des accords de Camp David qui ont scellé la paix entre l'Égypte et Israël. Bien que les négociations aient été fortement médiatisées, le président Jimmy Carter a eu la bonne idée de tenir les discussions à huis clos. Le contenu des pourparlers est demeuré confidentiel, et les représentants des deux parties se sont bien gardés de faire des déclarations durant les négociations. Cette stratégie a permis de minimiser l'escalade des engagements et de favoriser le succès des discussions. En fait, la stratégie de négociation des accords de Camp David est considérée par les spécialistes comme un modèle d'excellence.

En résumé

L'escalade irrationnelle des demandes et des engagements est le phénomène par lequel les négociateurs en viennent à maintenir leur ligne de conduite initiale au-delà de ce qui est raisonnable,

29. Expliqué par Roger Fisher dans *Beyond Machiavelli*, p. 12-14.

soit à cause du désir de gagner à tout prix, soit à cause du désir de récupérer le temps ou l'argent déjà investi, soit à cause du désir de préserver leur image. Évidemment, de telles attitudes peuvent nuire énormément au processus de négociation et, surtout, à la conclusion d'une entente profitable. Parmi les impacts d'une escalade aussi irrationnelle, notons une détérioration de la relation de collaboration, une diminution de la zone d'ententes possibles entre les parties et le dépassement des coûts pour conclure l'entente au-delà des bénéfices anticipés.

Afin de contrer le phénomène de l'escalade irrationnelle, les parties peuvent d'abord s'efforcer d'évaluer avec justesse le rapport de force. Puis, elles ont avantage à établir des paramètres clairs qu'elles s'appliqueront à respecter de façon rigoureuse au cours de la négociation. Finalement, les parties gagnent à écarter de leur négociation tout ce qui a rapport à l'image sociale. En effet, l'orgueil est peut-être l'une des causes les plus fréquentes de l'échec d'une négociation.

Bibliographie

Bazerman, M. H. et M. A. Neale (1992). *Negotiating Rationally*, New York, Free Press, 196 pages.

Fisher, R., E. Kopelman et A. K. Schneider (1996). *Beyond Machiavelli : Tools for Coping With Conflict*, New York, Penguin Books, 160 pages.

Reed, W. et D. H. Clark (2000). « War Initiators and War Winners : The Consequences of Linking Theories of Democratic War Success », *Journal of Conflict Resolution*, 44(3), p. 378-395.

Rubin, J. Z. (1981). « Psychological Traps », *Psychology Today Magazine*, 15 mars, p. 52-63.

Chapitre 5

L'accentuation des pertes et l'attrait du *statu quo*

Il faut toujours prendre le maximum de risques avec le maximum de précautions.

Rudyard Kipling

Dans le cadre de recherches portant sur l'étude des comportements des individus face aux risques, les chercheurs Daniel Kahneman et Amos Tversky[30] ont mené deux types d'expériences aux résultats plus que révélateurs. Dans la première, intitulée «Le jeu de la loterie à double tranchant», on propose aux participants de piger un billet qui leur permettra de gagner ou de perdre 100 $. Plus précisément, les participants sont invités à choisir entre deux bocaux : un premier dans lequel les probabilités de gagner 100 $ s'élèvent à 60 % et celles de les perdre à 50 %, et un second dans lequel les chances de gagner 100 $ s'élèvent à 50 % et celles de les perdre à 40 %. En d'autres termes, on propose aux participants de choisir entre deux options : soit augmenter les chances de gagner 100 $ en choisissant le premier bocal, soit minimiser les risques de perdre ce montant avec le second.

Les résultats démontrent que la majorité des participants optent pour le second bocal. Ceux-ci se montrent donc plus sensibles aux possibilités de pertes qu'aux probabilités encore plus élevées de gains. Les chercheurs remarquent aussi que l'unique moyen d'intéresser ces individus à choisir la première option est d'augmenter la probabilité de gain tout en maintenant les

30. Expériences tirées de D. Kahneman et A. Tversky (2005), «Conflict Resolution : A Cognitive Perspective», *Barriers to Conflict Resolution*, p. 45-60.

risques de perte avec la seconde option. En d'autres termes, la probabilité d'obtenir un gain doit être significativement plus élevée que celle d'encaisser une perte pour que les individus acceptent de prendre un risque.

La seconde expérience porte sur la nature des transactions entourant la vente d'un objet. Plus précisément, cette expérience implique deux groupes de participants à qui on a demandé de vendre une tasse à café. La différence entre les deux groupes est la suivante : les personnes du premier groupe «possèdent» leur tasse depuis un certain temps (on la leur a prêtée bien avant de procéder à l'expérience), alors que les personnes du second groupe l'ont reçue quelques minutes avant l'expérience. On a par la suite demandé aux participants de vendre leur tasse et, pour ce faire, de s'entendre sur un prix qu'ils jugeaient raisonnable pour s'en départir.

Encore une fois, les résultats de l'expérience ont montré que les participants qui «possédaient» leur tasse depuis un bon moment demandaient systématiquement plus que les autres pour s'en départir. Ces résultats suggèrent donc qu'à partir du moment où des individus conçoivent un certain attachement pour un objet, ils ont tendance à en évaluer le prix à la hausse comparativement à ceux qui n'ont pas eu un tel attachement. Par conséquent, il faudra débourser davantage pour convaincre un propriétaire de se départir d'un objet auquel il est attaché[31].

Les deux exemples précédents témoignent du phénomène de l'accentuation des pertes selon lequel les individus ont tendance à accorder davantage d'importance à ce qu'ils risquent de perdre qu'à ce qu'ils risquent de gagner. En négociation, cet élément revêt une importance stratégique sur le plan des concessions. Nous proposons donc d'expliquer ce phénomène en trois temps. D'abord, nous aborderons les mécanismes qui inci-

31. *Id.*

tent les individus à vouloir éviter la prise de risques. Ensuite, nous traiterons des effets de ce phénomène sur les négociations et nous proposerons enfin des façons de le désamorcer dans le contexte d'une négociation en vue de conclure une entente.

Le phénomène de l'accentuation des pertes

Les chercheurs définissent le phénomène de l'accentuation des pertes comme la tendance à considérer la perspective d'un gain comme moins importante que la perspective d'une perte de valeur comparable[32]. Ce phénomène fait donc référence à cette tendance qu'ont les individus à mettre l'accent sur ce qu'ils risquent de perdre lorsqu'ils évaluent le rapport coûts-bénéfices d'une proposition. La littérature révèle deux tendances qui contribuent au phénomène de l'accentuation des pertes chez les individus : l'aversion pour les pertes et l'effet de la possession.

L'aversion pour les pertes

Comme nous l'avons mentionné, l'aversion pour les pertes fait référence au fait qu'au moment d'évaluer une entente, les individus accordent davantage d'importance à ce qu'ils peuvent perdre qu'à ce qu'ils peuvent gagner. Plus spécifiquement, on constate que ce phénomène conditionne les parties à tenter de minimiser leurs pertes au cours de la négociation plutôt qu'à tenter de maximiser leurs gains ou à demander des concessions énormes pour compenser les pertes.

Bien sûr, pour un observateur externe, cette volonté des parties de préserver leurs acquis, en optant pour le *statu quo*, quitte à renoncer à des gains potentiels, peut paraître mal fondée, voire incohérente. Cependant, si l'on tient compte du facteur d'amplification des pertes, le *statu quo* devient une option qui paraît acceptable aux yeux des parties confrontées au risque de perdre.

32. L. Ross et C. Stillinger (1991), «Barriers to Conflict Resolution», *Negotiation Journal*, 7 (4), p. 389-404.

Il est en effet permis de croire que ce phénomène émane d'un processus psychologique qui amplifie le sentiment de perte et limite la faculté des parties prenantes à évaluer correctement la validité et la pertinence des options avancées lors de la négociation d'une entente.

L'effet de la possession

L'effet de la possession fait référence au fait que l'individu peut accorder une valeur sentimentale à un objet qu'il possède. En ce sens, les gens auront tendance à surévaluer cet objet au moment de s'en départir. On pense, par exemple, au propriétaire qui doit vendre la maison familiale. L'acheteur devra probablement être disposé à proposer un prix supérieur à la valeur réelle de la maison pour compenser la perte de ce bien cher au vendeur. On peut anticiper que ce montant devra être suffisamment important pour briser la relation d'attachement qui lie l'objet à son propriétaire.

Pour que l'effet de la possession entre en action, il n'est pas nécessaire que l'individu possède l'objet depuis longtemps. Revenons à l'exemple de la tasse à café. Le simple fait d'avoir eu la tasse durant une journée a suffi pour créer l'effet ! Néanmoins, plus le temps écoulé sera long, plus l'effet de la possession risque d'être fort. En outre, plus le nombre d'événements positifs rattachés à l'objet seront nombreux, plus l'effet sera fort. Combien de gens ont de la difficulté à vendre leur première voiture ! Par contre, l'inverse est aussi vrai : un événement négatif peut créer un effet contraire. Par exemple, après la mort d'un conjoint, la personne qui reste veut parfois se départir au plus vite de la maison car les souvenirs y sont trop douloureux.

L'effet sur les négociations

Le phénomène de l'aversion pour les pertes a un effet important sur les négociations. Nous proposons donc d'aborder les problématiques qui y sont liées, plus spécifiquement la tendance à favoriser le *statu quo* et les coûts élevés liés à la valeur sentimentale.

La tendance à favoriser le *statu quo*

Comme nous l'avons mentionné précédemment, au moment de négocier, les individus portent davantage attention à ce qu'ils perdent qu'à ce qu'ils gagnent. L'aversion pour les pertes éventuelles engendre alors un préjugé favorable pour le *statu quo* ou les acquis, en raison d'une appréciation systématiquement erronée des autres possibilités. Des recherches concluent que les parties sont inconsciemment portées à embellir le *statu quo* et à surévaluer les désavantages des autres options par rapport à leurs avantages, de manière à protéger leurs acquis[33].

Le phénomène associé à la peur du changement est très bien connu et abondamment documenté dans le domaine des sciences de la gestion. En effet, toute personne qui doit faire face au changement aura naturellement à y résister. Le réflexe qui consiste à s'accrocher à ce que l'on connaît (*statu quo*) est tout à fait normal, puisque le changement est en partie synonyme d'inconnu. Il faut cependant arriver à trouver un équilibre pour éviter une situation extrême dans laquelle on élimine automatiquement toute avenue nouvelle proposée, même si elle est objectivement plus avantageuse.

On peut ainsi imaginer une situation où des employés sont appelés à signer une nouvelle convention collective avec leur employeur. Ceux-ci manifestent une certaine résistance à accepter une augmentation de salaire en échange de plus de souplesse dans l'organisation du travail. En effet, l'employeur est prêt à bonifier les salaires, à condition qu'il y ait davantage de flexibilité dans la répartition des tâches et l'exécution des projets. Ici, la tendance à favoriser le *statu quo* fait en sorte que les employés

33. Conclusion tirée de R. H. Mnookin et L. Ross (1995), *Barriers to Conflict Resolution*, p. 12-19.

accordent davantage d'importance au changement (faire face à une certaine part d'inconnu) et sous-évaluent la valeur associée à l'augmentation de salaire. C'est pourquoi il est souvent beaucoup plus facile de négocier à neuf (par exemple, une première convention collective dans une nouvelle entreprise), car à partir du moment où une situation est devenue la norme, changer le *statu quo* requiert beaucoup plus d'énergie.

Les coûts élevés liés à la valeur sentimentale

Comme nous l'avons mentionné, les individus sont naturellement portés à s'attacher sentimentalement à un objet qu'ils possèdent depuis un certain temps. Pourtant, il est très important de réaliser qu'en général la prime associée à la valeur sentimentale n'est pas transférable. En effet, l'acquéreur d'un objet auquel le vendeur tient beaucoup ne sera pas prêt à payer un supplément pour compenser l'effet de cette valeur sentimentale.

Cela dit, on peut trouver quelques situations spécifiques où la valeur sentimentale est réellement transférable. Les collectionneurs prêts à débourser beaucoup d'argent pour faire l'acquisition d'objets banals simplement parce qu'ils ont appartenu à des personnes célèbres constituent un cas typique. Il faut toutefois réaliser que cela n'est pas habituel et que la valeur sentimentale est généralement peu transférable dans le cadre d'une négociation.

On peut ainsi imaginer un propriétaire qui décide de vendre la maison qu'il habite depuis 20 ans et qu'il a fait construire selon ses propres plans. Dans sa démarche, le vendeur ne fait pas appel à un évaluateur spécialisé pour avoir une idée juste de la valeur réelle de sa maison et, comme on peut s'y attendre, l'effet d'attachement fait en sorte qu'il demande un prix fortement au-dessus du marché. Bien que la valeur sentimentale qu'il attache à sa maison soit bien réelle, il n'a pas réalisé qu'elle n'est pas transférable. C'est d'ailleurs pourquoi aucun acheteur ne se manifeste rapidement.

La désamorce de l'attrait du *statu quo*

Nous proposons d'aborder quatre stratégies permettant de minimiser les effets du phénomène de l'accentuation des pertes sur le processus de négociation. Il s'agit de la gestion des risques, du partage des risques de façon asymétrique, du recadrage des pertes et de la formulation de concessions stratégiques.

La gestion des risques

Cette stratégie fait référence à deux notions clés associées aux risques, à savoir la notion de risques progressifs et celle des risques révocables. L'acceptation de risques progressifs permet aux parties de minimiser les risques potentiels d'une entente tout en offrant la possibilité d'évaluer l'importance des risques associés à chaque étape du processus de négociation. Ainsi, face à l'inconnu d'un produit spécifique ou de l'exécution d'une entente définitive, les parties peuvent avoir besoin de valider de l'information et de la comparer à une variété de normes de référence. Elles peuvent aussi recourir à une période d'expérimentation afin d'être rassurées quant à l'efficacité du produit ou de la décision. Ce niveau de flexibilité permet aux parties de mieux gérer l'angoisse associée à un geste définitif et compromettant. Il s'agit de la politique des petits pas.

Comme l'application d'une entente ne dépend pas uniquement de la volonté des acteurs, mais aussi de l'environnement externe, il y a toujours une part de risque à courir. C'est pourquoi, pour faciliter la signature de la partie qui craint d'y perdre au change, on ajoute parfois une clause de révocabilité ou de renégociation. La notion des risques révocables implique par ailleurs le fait d'inclure une clause de révocabilité dans une entente, soit la possibilité pour les parties de révoquer l'entente lorsque celle-ci ne répond pas aux attentes de l'une ou l'autre d'entre elles. On peut, par exemple, penser au contrat d'achat qui inclut une clause de révocabilité après une période d'essai de 30 jours.

Parfois, la clause renferme un mécanisme de renégociation de l'entente si les choses ne se déroulent pas comme prévu.

Une entreprise demande à son syndicat de faire des concessions salariales importantes. Elle justifie cette demande par une situation financière précaire combinée à la crainte d'une perte de part de marché importante due à la venue d'un concurrent international sur son territoire. Le syndicat ne croit pas vraiment au risque de la concurrence. Au lieu d'argumenter sur la valeur du risque, la partie patronale s'entend plutôt sur un partage du risque avec une entente contingente. Il y a alors baisse du salaire des employés, mais introduction d'un système de boni proportionnel à la part de marché. Si la part de marché baisse, le boni sera faible et l'économie sur la masse salariale permettra d'amortir le coup. Par contre, si la part de marché demeure stable ou s'améliore, les employés en sortiront gagnants. Puisque les deux parties apprécient le risque de façon différente, elles ont toutes les deux l'impression d'y trouver leur compte.

Le partage des risques de façon asymétrique

Cette stratégie assure la participation des parties à la mise en œuvre d'une entente au moyen d'une provision permettant de répartir les risques qui lui sont associés. En effet, bien que les parties s'entendent sur les risques probables d'une entente éventuelle, elles peuvent réagir différemment à l'idée de subir les risques en question. Il est ainsi préférable de prévoir différentes façons de partager les risques et, plus spécifiquement, d'en faire porter une plus grande part à la partie qui manifeste le moins d'aversion pour ceux-ci. Il s'agit donc d'une répartition asymétrique.

En somme, le partage des risques doit permettre aux parties de réaliser des gains respectifs basés sur la tolérance aux risques qui diffère entre elles. Ainsi, une partie peut accepter d'assumer une plus grande part des risques en échange d'un potentiel de gain plus élevé, alors que l'autre accepte un gain plus modeste, mais assume une moins grande part de risque. Ce faisant, on capitalise sur un niveau différent d'accentuation des pertes. Au lieu de laisser ce phénomène paralyser les négociations, on l'utilise comme levier pour conclure une entente.

Prenons l'exemple de deux collègues souhaitant fonder et exploiter ensemble une nouvelle entreprise. Le premier est un homme d'une cinquantaine d'années, ingénieur prospère et célibataire, tandis que le second est un homme d'une trentaine d'années, moins fortuné et père de famille. On peut imaginer que le premier préférera probablement un salaire fixe très bas mais une part importante des bénéfices, alors que le second sera moins porté sur les risques et, par conséquent, plus enclin à rechercher un salaire fixe plus élevé. Ainsi, même s'ils anticipent une rémunération différente, ils seront sans doute plus à l'aise avec des ententes salariales distinctes qui permettront de répartir les risques chacun à son avantage.

Le recadrage des pertes

Lorsqu'une personne vend un objet auquel elle est sentimentalement attachée, elle a tendance à y ajouter une prime. Conséquemment, lorsqu'on veut atténuer l'effet de possession, une des stratégies efficaces consiste d'abord à acheter l'objet en question tout en évitant de séparer l'objet et la personne, puis à désunir graduellement la personne de l'objet auquel elle est attachée. Il s'agit donc d'un transfert progressif.

En agissant ainsi, on permet à la personne de faire un deuil graduel qui lui permet de diminuer l'effet du bris émotif et de favoriser une séparation progressive de l'objet sentimental. L'objectif est de contrôler le bris émotif de façon à ne pas devoir payer un surplus pour la valeur sentimentale. Ainsi, il est possible de payer un juste prix pour l'objet convoité sans avoir à y ajouter une surprime pour sa valeur émotive.

Prenons l'exemple du fondateur d'une entreprise qui décide de vendre. Lors des premières rencontres, les acheteurs intéressés constatent à quel point le propriétaire est fier de ce qu'il a réussi à bâtir, puisque l'entreprise est aujourd'hui très performante. Ils comprennent aussi que l'entreprise est le plus grand accomplissement du propriétaire et qu'il y est légitimement et fortement attaché. Par contre, les négociations concernant le prix de vente s'annoncent difficiles. En effet, il est manifeste que le vendeur demande un prix nettement trop élevé ; il faudra réussir à le convaincre de baisser son prix sans l'insulter. Pour y arriver, les acheteurs lui offrent un poste de conseiller pour les deux prochaines années. Ainsi, il pourra intervenir pendant la transition et s'assurer de la pérennité de l'entreprise. En agissant de cette façon, les acheteurs montrent qu'ils reconnaissent la contribution du propriétaire ainsi que la valeur de l'entreprise sans toutefois payer pour l'attachement émotif pour celle-ci.

La formulation de concessions stratégiques

L'accentuation des pertes est basée sur le principe suivant : dans l'évaluation d'une proposition, les gens accordent plus de poids à ce qu'ils perdent qu'à ce qu'ils gagnent. Conséquemment, lorsqu'une personne hésite à signer une entente, il convient de faire des concessions pour amortir sa perception de pertes, plutôt que de faire des concessions pour améliorer une offre. Ainsi, il en coûtera moins cher d'amortir les pertes de l'autre que d'en mettre davantage sur la table pour le convaincre d'accepter une entente.

Dans toute négociation, il importe de comprendre ce que l'autre aurait l'impression de perdre s'il devait signer une entente. Cette information est en fait plus importante que de savoir ce qui l'attire dans l'entente. En effet, en ciblant nos efforts sur l'amortissement des pertes de l'autre, nous utilisons un levier de négociation beaucoup plus puissant que le simple appât du gain.

Imaginons la situation où une entreprise négocie une promotion avec un employé, mais ce dernier est hésitant car s'il accepte l'offre, il devra déménager. Pour le convaincre, son employeur lui propose de gérer au complet cette mutation : il s'engage à lui trouver une maison, à payer les frais de déménagement et même à trouver une école pour ses enfants. L'employeur sait qu'amortir les inconvénients subis par l'employé aura pour lui davantage de poids (sur le plan psychologique) que de bonifier sa proposition salariale, et, à long terme, cette proposition sera plus économique.

En résumé

L'accentuation des pertes est cette tendance qu'ont les participants à une négociation à accorder plus d'importance aux risques de pertes qu'aux chances de réaliser des gains. Ajoutons que cette tendance est accentuée par l'effet de la possession de certains acquis. Plusieurs problèmes peuvent être associés à ce phénomène, dont la tendance à favoriser le *statu quo*, l'exercice d'une prudence face aux risques qui peut s'avérer coûteuse et les coûts parfois élevés liés à des valeurs sentimentales.

Les négociateurs peuvent toutefois compter sur un certain nombre de stratégies pour désamorcer les effets associés à ce problème. Ils peuvent en effet choisir de gérer plus prudemment et progressivement ces risques, ou encore d'en effectuer un partage en fonction de leurs propres réactions aux risques. Ils peuvent aussi se discipliner à effectuer un recadrage positif des informations et des options présentées lors de la négociation vers une entente. Ils peuvent enfin travailler à la formulation de concessions stratégiques de manière à capitaliser sur la perception de pertes.

Bibliographie

Bazerman, M. H. et M. A. Neale (2003). « Negotiating Rationally : The Power and Impact of the Negotiator's Frame », *Negotiation*, Roy J. Lewicki *et al.*, New York, The McGraw-Hill Companies Inc., p. 142-149.

Kahneman, D. et A. Tversky (1995). « Conflict Resolution : A Cognitive Perspective », *Barriers to Conflict Resolution*, Kenneth Arrow *et al.*, New York, W. W. Norton & Company, p. 45-60.

Mnookin, R. H. et L. Ross (1995). *Barriers to Conflict Resolution*, Kenneth Arrow *et al.*, New York, W. W. Norton & Company, p. 12-19.

Ross, L. et C. Stillinger (1991). « Barriers to Conflict Resolution », *Negotiation Journal*, 7(4), p. 389-404.

Chapitre 6

La dévaluation réactionnelle et le rejet de propositions raisonnables

C'est l'évaluation qui fait des trésors
et des joyaux de toutes choses évaluées.

Friedrich Nietzsche

Au cours des années 1980, à l'époque des négociations entre les États-Unis et l'URSS sur la réduction de l'armement nucléaire, Connie Stillinger et ses collègues ont procédé à un sondage d'opinion auprès de passants[34]. On leur a demandé de qualifier les conditions d'une proposition attribuée soit au leader américain, soit au leader soviétique, soit à des analystes stratégiques inconnus. Dans tous les cas, il s'agissait de la même proposition, la seule variante étant la personne à qui était attribuée cette proposition.

Les répondants américains ont essentiellement évalué que ces conditions ne leur étaient guère favorables (note moyenne de 44 %) quand ils croyaient que la proposition venait du leader soviétique, qu'elles leur étaient favorables (note moyenne de 80 %) quand elle était attribuée à la tierce partie et, finalement, qu'elles leur étaient tout à fait favorables (note moyenne de 90 %) lorsqu'ils pensaient que la proposition émanait du leader américain. Pourtant, il s'agissait de la même proposition, qui se rapprochait d'ailleurs de très près de celle énoncée par Mikhaïl Gorbatchev[35] quelques années auparavant !

---

34. Rapporté par Lee Ross dans *Reactive Devaluation in Negotiation and Conflict Resolution*, p. 29.
35. Mikhaïl Gorbatchev, secrétaire général du Parti communiste de l'URSS de 1985 à 1991.

Dans la même veine, Stillinger et ses associés ont mené une autre expérience au cours de laquelle ils ont divisé en deux un groupe de 137 individus pour leur demander d'évaluer les avantages, pour les États-Unis et pour l'URSS, d'une même proposition de réduction des arsenaux nucléaires[36]. Cette fois-ci, la proposition était attribuée au président Reagan[37] pour le premier groupe et à Mikhaïl Gorbatchev, pour le second. Convaincus que la proposition était avancée par Mikhaïl Gorbatchev, 56 % des participants ont cru qu'elle avantageait l'URSS, 16 % les États-Unis et 28 % les deux superpuissances. Par contre, dans le cas des participants convaincus que la proposition était émise par le président Reagan, seulement 27 % ont eu l'impression qu'elle favorisait l'URSS, 27 % les États-Unis, et 45 % les deux superpuissances.

Les chercheurs ont alors nommé ce phénomène dévaluation réactionnelle, soit la tendance des parties à dévaluer l'attrait des propositions d'autrui simplement parce qu'elles viennent de l'autre, surtout s'il est perçu comme un adversaire. La logique[38] sous-jacente à ce phénomène se résume ainsi : si, au cours de la négociation, mon adversaire me fait une offre spécifique, c'est que la situation qui en découle est certainement avantageuse pour lui ; en conséquence, elle ne peut pas l'être pour moi et j'ai donc intérêt à refuser l'offre qui m'est présentée pour tenter d'obtenir des concessions supplémentaires. La dévaluation réactionnelle pose de véritables défis au processus de négociation, car elle impose des barrières considérables à la résolution d'un différend. Sous son emprise, les parties sont sujettes à rejeter des ententes qui seraient acceptables en d'autres circonstances et à faire perdurer le conflit.

---

36. Rapporté par Max H. Bazerman et Margaret A. Neale dans *Negotiating Rationally*, p. 21.

37. Ronald Reagan, président des États-Unis de 1981 à 1989.

38. Expliquée par Leigh Thompson et Janice Nadler, « Judgmental Biases in Conflict Resolution and How to Overcome Them », p. 226-228.

Ce chapitre analyse le concept de la dévaluation réactionnelle en rapport avec la négociation. Nous explorerons d'abord les mécanismes prédisposant les parties à dévaluer de façon réactionnelle les propositions de l'autre. Nous exposerons ensuite la problématique de la dévaluation réactionnelle au cours de la négociation. Finalement, nous proposerons des moyens pratiques permettant aux négociateurs de désamorcer le phénomène et d'augmenter ainsi les chances de succès d'une négociation.

Le mécanisme de la dévaluation réactionnelle

Au cœur du mécanisme de dévaluation se cache le préjugé d'antagonisme qui est également influencé par deux facteurs : l'impact de la provenance de l'offre et l'impact du choix. Il importe donc d'explorer ces trois éléments pour mieux comprendre cette problématique.

Le préjugé d'antagonisme

Le préjugé d'antagonisme peut être décrit comme la tendance qu'ont deux parties méfiantes à exagérer l'écart entre leurs positions respectives. Cela pousse une personne à croire que l'autre partie souhaite le contraire de ce qu'elle-même veut. Ainsi, si je suis en faveur de quelque chose de précis, je peux déduire que mon adversaire est contre cette même chose. Pour revenir à l'exemple de l'armement nucléaire durant la guerre froide, en analysant les communications écrites des leaders américains, la chercheuse Deborah Larson[39] a réalisé que ceux-ci ne croyaient pas en la volonté des Russes de réduire leurs effectifs, alors que l'étude de documents similaires, du côté russe, a confirmé le contraire. Un bel exemple de préjugé d'antagonisme à l'œuvre !

Un tel parti pris démontre clairement la différence de perceptions qu'entretient chaque partie à l'égard de ce que l'autre

39. Deborah W. Larson (1997), *Anatomy of Mistrust : U.S.-Soviet Relations During the Cold War*, p. 1-39.

cherche à obtenir. Chaque négociateur considère la position de l'autre comme contraire et défavorable à la sienne, et peut même présumer une certaine hostilité chez l'autre. Ces croyances aussi erronées rendent plus difficiles la reconnaissance de situations de compromis et la démarche visant à trouver une solution qui accommode pleinement les besoins de chaque partie.

L'impact de la provenance

Le processus de dévaluation peut être amplifié par l'impact de la source de la proposition. Il peut être plus particulièrement influencé par la croyance ferme que si une offre vient d'un adversaire, elle ne peut être avantageuse que pour lui. En conséquence, plus la relation entre les parties est négative, plus le mécanisme de dévaluation réactionnelle sera prononcé. Dans les cas extrêmes, les parties ne pourront tout simplement pas négocier car peu importe les propositions de règlement présentées, celles-ci seront rejetées.

Plusieurs facteurs peuvent être à l'origine d'une relation négative. Il peut au départ y avoir des causes affectives qui font que, pour un motif inconscient ou en raison d'expériences passées, l'une des parties n'aime pas ou n'a tout simplement pas confiance en l'autre. La relation négative peut aussi se bâtir au cours de la négociation, lorsque les parties entrent en concurrence de manière agressive. Dans cette perspective, il n'est pas rare que la dévaluation réactionnelle se nourrisse d'elle-même. Le fait que l'autre partie dévalue notre offre augmente notre antipathie à son égard, et nous sommes à notre tour plus enclins à dévaluer ses offres. Notre dévaluation provoquera en contrepartie un sentiment négatif chez l'autre. Un cercle vicieux peut facilement s'installer entre les parties, et la négociation peut se transformer en dialogue de sourds.

L'impact du choix

Le processus de dévaluation peut être également influencé par l'impact du choix qui est offert. Cela fait référence à une croyance qui dit que, parmi les options sur la table, celle qui est préférée par l'autre est nécessairement désavantageuse pour nous. En d'autres termes, si trois choix sont possibles et qu'on nous propose l'option A, nous serons tentés d'en déduire que les options B et C seraient probablement plus avantageuses pour nous. Parmi plusieurs options, plus le choix de l'autre est spécifique, plus nous aurons tendance à croire qu'il n'est pas le meilleur pour nous.

L'impact du choix est congruent avec cette inclinaison bien humaine qui consiste à rejeter ce qui nous est offert ou facilement accessible pour convoiter ce dont on semble vouloir nous priver ou ce qui est plus difficile d'accès. C'est comme si la chose disponible avait tout à coup moins de valeur et que la chose inaccessible en prenait soudainement beaucoup. Comme on le dit si bien : « L'herbe est toujours plus verte chez le voisin. » Lorsque cette tendance à rechercher ce qui est refusé est jumelée à un choix fait par l'autre partie, on peut facilement concevoir l'énorme dévaluation qui en résulte.

Les impacts sur les négociations

Examinons maintenant les impacts de la dévaluation réactionnelle sur le déroulement des négociations. Ces effets sont nombreux et peuvent parfois être majeurs, voire cumulatifs ! Nous en considérerons plus particulièrement trois.

L'instauration d'une dynamique de discussion négative

Lorsque la dévaluation s'installe très tôt au cours des négociations, nous assistons à l'instauration d'une dynamique de discussion négative entre les parties. En effet, les concessions initiales faites dans le but d'amorcer les échanges sur une bonne note seront déclinées par l'autre parce qu'il les jugera tout à fait insuffisantes. Un tel rejet entraînera frustration et déception, et minera la possibilité d'entreprendre de nouvelles démarches.

Ce refus initial entraînera la création d'une image négative de l'autre et incitera la personne ayant fait la première offre à décliner à son tour. Or, ce second rejet excusera l'autre négociateur d'adopter une perception similaire. Les parties en viendront à expliquer le rejet de leur offre raisonnable par la mauvaise foi de l'autre. Tous les comportements subséquents seront alors dépeints à la lumière de cette impression. Au fur et à mesure que les négociations avanceront, les deux parties s'enliseront davantage dans un cercle vicieux.

Imaginons un patron qui demande à son employé d'effectuer des heures supplémentaires toute la journée du samedi afin de pouvoir servir une plus large clientèle. L'employé offre plutôt de demeurer au travail deux heures de plus les lundis et les mercredis. Croyant qu'il n'a pas saisi l'importance de sa demande, le patron refuse et propose tous les samedis matin. L'employé décline encore et ajoute le jeudi à sa proposition, pensant ainsi faire preuve de bonne foi. Le patron rejette encore la proposition, jugeant qu'elle n'atteint pas son objectif. Frustré par ces refus, l'employé se dit qu'il ne vaut pas la peine de faire des concessions à un patron aussi intransigeant. À partir de ce moment, les parties cessent totalement d'explorer d'autres options.

Le rejet inapproprié d'une offre finale raisonnable

La possibilité que les parties rejettent des offres raisonnables, entraînant ainsi l'échec des négociations, constitue la conséquence principale mais aussi la plus grave de la dévaluation réactionnelle. En effet, lorsque la dévaluation est importante, des offres qui répondent objectivement aux besoins des parties peuvent être rejetées à cause d'une dévaluation tout à fait subjective, privant ainsi les deux parties de gains appréciables.

Alors que, précédemment, la conséquence de la dévaluation était de freiner les ardeurs des parties à faire des concessions, cette fois-ci, elle consiste à entraîner l'échec même des négociations. Cette situation est malheureusement trop fréquente. Combien de fois les parties réalisent-elles par la suite que la proposition qui leur avait été faite n'était somme toute pas si mauvaise ? L'explication est bien simple : les émotions, calmées avec le temps, entraînent une évaluation plus objective des propositions.

Citons l'exemple d'un homme qui, depuis un an, a un nouveau voisin qu'il juge un peu dérangeant. En effet, ce dernier aime bien bricoler dans son garage et, toutes les fins de semaine, on entend les moteurs des machines à travailler le bois. De plus, les enfants de ce même voisin jouent constamment dans la cour arrière de la maison (cette dernière étant adjacente à la terrasse du plaignant). Ainsi, ces sources de bruit et de distraction commencent à l'agacer sérieusement. Pour résoudre cette problématique, les deux voisins se rencontrent et concluent qu'une clôture commune constituerait une solution adéquate. Le nouveau résidant propose d'emblée de payer la moitié de la facture. Surpris d'en arriver si facilement à une telle offre, le voisin lésé se dit que l'autre doit être à l'aise financièrement car il ne s'est même pas entêté sur le prix. Et puis, au fond, il n'a pas à payer autant pour l'installation de la clôture puisqu'on n'en serait pas rendu là si ce n'était du bruit et de la marmaille de ce nouveau voisin ! Il rejette donc cette offre (au fond très intéressante) et prétexte qu'elle n'est pas du tout équitable. Devant ce refus, le nouveau voisin y attribue de la mauvaise foi et retire sa proposition : « Si tu n'es pas satisfait, installe-la chez toi et paye au complet *ta* clôture ! » Après coup, le plaignant réalise que l'offre initiale était très correcte et maintenant, il devra payer davantage avec, en prime, une mauvaise relation avec son nouveau voisin.

La surenchère des concessions

Une partie qui ne reconnaît pas la dévaluation réactionnelle pourrait, pour éviter l'échec des négociations, faire une surenchère de propositions. En réalité, la partie bonifierait ses offres pour compenser la dévaluation continue de celles-ci par l'autre. Or, il semble clair qu'il serait moins coûteux de contrôler les mécanismes de la dévaluation que de surenchérir en guise de compensation.

Évidemment, le refus d'une offre peut être parfois consciemment motivé non pas parce que la partie dévalue inconsciemment celle-ci, mais tout simplement parce qu'elle espère obtenir encore davantage de l'autre. L'aspect stratégique n'est donc pas à ignorer et à sous-estimer. Néanmoins, une partie du refus peut être nourrie par le mécanisme de la dévaluation réactionnelle. Par conséquent, il est important de contrôler ce phénomène afin d'éviter les concessions additionnelles qui visent à satisfaire l'aspect psychologique, mais qui sont inutiles sur le plan stratégique.

Songeons au cas d'un vendeur et d'un acheteur négociant le prix d'une voiture. Si on connaît le vendeur, on aura bien moins tendance à mettre en doute son honnêteté et on considérera comme légitime le prix qu'il demande. Cependant, en présence d'un vendeur qui nous est parfaitement inconnu, le stéréotype voulant que celui-ci négocie toujours à son avantage fait que la dévaluation réactionnelle agit d'abord et avant tout. En effet, on aura tendance à penser que les concessions du vendeur ne sont qu'un jeu pour nous faire croire qu'il approche de son prix plancher, mais qu'au fond, ce n'est qu'une escroquerie pour avoir le dessus dans les discussions. Ainsi, pour éviter le piège où une personne fait toujours plus de concessions pour combler le fait que l'autre ne la croit pas, tout vendeur aura intérêt à établir un niveau de contact minimal avec l'acheteur potentiel afin de minimiser l'effet de la dévaluation réactionnelle. En effet, il est bien moins coûteux de neutraliser cet effet psychologique à sa base que de faire des concessions supplémentaires.

L'abstention du rejet de propositions raisonnables

Étant donné les effets déjà décrits de la dévaluation réactionnelle sur le processus de négociation, il va sans dire qu'on ne peut laisser ce phénomène s'imposer sans tenter de le réprimer d'une façon ou d'une autre. Les stratégies qui suivent ont pour objectif d'éviter, autant que possible, la dévaluation réactionnelle lors d'une négociation ; de réduire les effets néfastes du phénomène ou de s'en sortir rapidement et sans trop de conséquences lorsque les parties s'y sont déjà engagées. On compte quatre stratégies principales.

Établir une relation positive

Que les négociateurs aient déjà eu à négocier ensemble ou non, il est important qu'ils songent d'abord à établir ou à rétablir le climat entre eux. Comme nous l'avons déjà mentionné, la dévaluation réactionnelle est amplifiée par une relation négative. Il n'est donc pas stratégiquement sain d'entreprendre des négociations et de générer des options de résolution si le climat demeure tendu entre les deux parties.

Dans les cas où les parties ont déjà des antécédents plus ou moins heureux l'une avec l'autre, elles doivent repartir sur des bases claires et solides et éviter ainsi que les propositions auxquelles elles pourraient consentir fassent l'objet d'une dévaluation réactionnelle. L'explication des raisons d'une décision non favorable prise dans le passé par l'un et qui aurait pu brimer l'autre et ternir leur relation en est un exemple. Ainsi, selon le psychologue Yves St-Arnaud[40], parler de la relation permet

40. Yves St-Arnaud, *L'interaction professionnelle*, p. 153.

d'enrayer certains obstacles de communication et d'augmenter l'efficacité des interactions.

Ainsi, au moment d'aborder leurs attentes en ce qui concerne la réalisation d'un nouveau projet, un patron et un employé auraient intérêt à discuter et à mettre de côté les résultats d'une évaluation de rendement plutôt négative. Après avoir permis à l'employé de verbaliser certaines frustrations, il pourrait saisir l'occasion pour mettre l'accent sur l'expérience acquise par l'employé et lui exprimer sa confiance. En désamorçant l'hostilité initiale, le patron crée un contexte moins propice à la dévaluation réactionnelle et l'employé risque alors d'être plus ouvert à ses offres. Ce dernier ne percevra plus automatiquement les propositions du patron comme une tentative d'exploitation.

Clarifier les intérêts

Comme nous avons pu l'établir progressivement au cours de ce chapitre, dans toute négociation, la notion des intérêts des parties est vraiment cruciale. Une des stratégies possibles pour contrer la dévaluation réactionnelle consiste à lier les propositions aux intérêts des parties : les intérêts de la partie qui propose et ceux de la partie qui évalue la proposition. L'objectif consiste à démontrer que la proposition vise une forme d'équilibre en vue de la satisfaction des intérêts des deux parties. Selon le professeur Lee Ross[41], lorsqu'une proposition est clairement liée aux intérêts de toutes les parties, la dévaluation réactionnelle est beaucoup moins forte. Cette approche nécessite cependant que les parties connaissent bien les intérêts qui sont en jeu lors de la négociation.

Dans cette perspective, il importe qu'il y ait entre les parties, au début de la négociation, un bon échange sur leurs motivations, leurs préférences ou les intentions qu'elles privilégient.

41. Voir Lee Ross, *Reactive Devaluation in Negotiation and Conflict Resolution*, p. 39.

Au lieu de laisser l'autre en faire l'interprétation, il est sans doute préférable d'établir avec transparence ce qu'on valorise. Cela permet ainsi à l'autre de mesurer la teneur précise des concessions déjà faites et les bénéfices des offres que la première partie est prête à lui faire en fonction des valeurs respectives accordées par tous deux. Si l'échange vise à clarifier la valeur d'une concession reçue par l'un, il vise aussi à communiquer clairement les motifs pour lesquels cette offre est faite et la valeur réelle que lui attribue l'autre.

Prenons l'exemple où un dialogue ouvert entre deux parties permettra d'établir ce qui leur importe le plus dans un projet. D'un côté, un employeur souhaite acquérir rapidement une nouvelle part de marché avec un tout nouveau produit. De l'autre, son employé, qui a déjà une très bonne expérience technique dans ce domaine, souhaite acquérir de nouveaux apprentissages en vue de bonifier ses compétences. Possédant ces informations, les parties pourront formuler et présenter leurs propositions de manière à y inclure les intérêts de l'autre. Les offres apparaîtront alors comme plus équilibrées car les avantages pour chaque partie seront évidents et, par conséquent, moins sujets à la dévaluation réactionnelle.

Proposer un ensemble d'options

Les gens ont tendance à décliner ce qui leur est offert et à rechercher ce qui leur est refusé. Une des parties pourrait alors avoir pour stratégie d'offrir une gamme d'options parmi lesquelles l'autre serait libre de favoriser ce qui représente à ses yeux le meilleur choix ou ce qui semble correspondre le mieux à ses besoins et à ses intérêts.

Le message émis par la première partie est donc que cet ensemble d'options représente pour elle des concessions avec lesquelles elle est prête à vivre, sans préjuger de la valeur qu'elles peuvent avoir spécifiquement pour l'autre. Le fait d'offrir des choix à l'autre partie laisse à celle-ci une plus grande marge de manœuvre et moins de place aux interprétations souvent erronées, puisqu'elle demeurera alors libre de déterminer ce qu'elle chérit le plus, sans égard à la valeur relative que l'offrant peut accorder à ces choix.

Cette stratégie est classique dans le domaine de la vente. Par exemple, un vendeur de voitures offrira souvent, en plus du modèle de base, une variété d'options spécifiques et distinctes : plusieurs forces de moteur, une transmission manuelle ou automatique, un certain nombre de couleurs, des vitres, portières ou autres mécanismes électriques, etc. Les choix offerts donnent à l'acheteur un certain contrôle sur le prix final et diminue ainsi la dévaluation réactionnelle par rapport au prix proposé par le vendeur. Malgré toutes ces options, il s'agit tout de même de la vente d'une voiture, soit l'objectif de base du vendeur.

Recourir à une tierce partie

Pour contrer la dévaluation réactionnelle, la stratégie ultime consiste à dépersonnaliser les offres en ayant recours à une personne neutre. Dans cette perspective, celle-ci offre de recevoir les propositions d'options en privé, c'est-à-dire une partie à la fois, pour être en mesure de recadrer une suggestion de solution en fonction des intérêts des deux parties. Cette opération de filtrage des concessions présente l'avantage de dépersonnaliser les offres qui sont faites de part et d'autre et de moins prêter flanc à la dévaluation réactionnelle. En effet, lorsqu'une proposition est associée à une personne neutre, la dévaluation risque d'être moins forte, car la solution est alors perçue comme un compromis et l'impact de la relation négative avec l'autre est moindre[42].

Évidemment, il est important que les deux parties perçoivent cette tierce personne comme impartiale, neutre et bien intentionnée. Si une des parties la déteste ou n'a aucune confiance

42. Rapporté par Lee Ross, *Barriers to Conflict Resolution*, p. 41.

en son impartialité, il est fort probable qu'une proposition venant d'elle encourage la dévaluation. Le choix d'une telle personne objective demeure donc une opération délicate qui doit faire appel au consensus des parties. Ce tiers pourrait aussi avoir à accomplir bien plus que le simple filtrage et recadrage des options reçues de part et d'autre ; il pourrait promouvoir des stratégies visant à réduire la dévaluation.

Reprenons le cas du patron et de l'employé qui négocient un plan d'heures supplémentaires pour servir une nouvelle clientèle. À la suite de la stagnation des discussions, les parties font appel à une connaissance commune, le directeur des ressources humaines. Celui-ci rencontre individuellement chacune des parties pour examiner ses suggestions. Il réalise alors que l'employé serait prêt à travailler le samedi matin en échange d'une journée de congé sur semaine. Croyant que cette option pourrait plaire au patron, le directeur propose une solution sous forme d'hypothèse dépersonnalisée, sans nécessairement l'associer à l'employé. Le patron, croyant que l'idée ne vient pas directement de cet employé, sera moins porté à la dévaluer et pourra en faire une appréciation plus objective.

En résumé

La dévaluation réactionnelle est le phénomène par lequel une proposition est dévaluée par le simple fait qu'elle vient de l'autre partie, et ceci est d'autant plus vrai si cette dernière est aussi perçue comme un adversaire. Ce processus constitue donc un défi de taille pour la réussite d'une négociation. En effet, les parties risquent fort de s'enfermer dans des positions limitatives et de ne pas faire une lecture appropriée des bénéfices de certaines options proposées, puis de les rejeter de façon intuitive et non pas en fonction de leurs intérêts. Les conséquences sont claires : l'enlisement progressif des discussions et l'échec éventuel des négociations.

Les parties ne sont toutefois pas démunies face à la dévaluation réactionnelle. Elles peuvent avoir recours à des stratégies susceptibles de la prévenir, de la neutraliser ou de l'éliminer. Tout d'abord, les parties peuvent établir un climat cordial et transparent, ce qui constitue une stratégie efficace malheureusement trop souvent escamotée. Puis, les parties peuvent s'employer à mieux connaître leurs objectifs et leurs intérêts respectifs. Les parties peuvent aussi élaborer des critères de décision objectifs qui leur permettront de faire une évaluation plus neutre des options proposées. Enfin, elles peuvent s'appliquer à dresser un éventail de solutions et faire appel à une tierce partie pour en dépersonnaliser la teneur. Il va sans dire que ces stratégies sont plus efficaces lorsqu'elles sont jumelées.

Bibliographie

Bazerman, M. H. et M. A. Neale (1992). *Negotiating Rationally*, New York, Free Press, 196 pages.

Fisher, R., W. Ury et B. Patton (1991). *Getting to Yes : Negotiating Agreement Without Giving in*, New York, Penguin Books, 200 pages.

Larson, D. W. (1997). *Anatomy of Mistrust : U.S.-Soviet Relations During the Cold* War, Ithaca, Cornell University Press, 352 pages.

Ross, L. (1995). « Reactive Devaluation in Negotiation and Conflict Resolution », *Barriers to Conflict Resolution*, K. Arrow *et al.*, New York, W. W. Norton, p. 26-42.

St-Arnaud, Yves (2003). *L'interaction professionnelle : efficacité et coopération*, Montréal, Presses de l'Université de Montréal, 279 pages.

Thompson, L. et J. Nadler (2000). « Judgmental Biases in Conflict Resolution and How to Overcome Them », *The Handbook of Conflict Resolution : Theory and Practice*, M. Deutsch et P. Coleman, San Francisco, Jossey-Bass Publishers, p. 215-235.

Chapitre 7

La perception d'équité et le sentiment d'injustice

L'équité vient du cœur ; la justice de la raison.

André Chavanne

De nombreuses expériences ont été menées au cours des années 1980 pour tenter de définir ce qu'on considère généralement comme juste. Les travaux de Kahneman[43] font notamment état d'une expérience où l'on a demandé à des gens d'évaluer le caractère équitable de la décision d'une quincaillerie de hausser le prix de ses pelles de 15 $ à 20 $ le lendemain d'une tempête de neige. La grande majorité des répondants ont considéré que la décision manquait d'équité, défiant ainsi la justification économique traditionnelle de l'offre et de la demande. Ils étaient aussi disposés à éviter tout achat futur chez ce commerçant afin de le punir. Par contre, si le marchand justifiait la hausse des prix par une augmentation de ses coûts d'approvisionnement, ces mêmes répondants trouvaient la décision équitable.

Ces résultats démontrent que si les pertes qu'on fait subir aux autres pour augmenter son propre gain peuvent être perçues comme injustes, celles qu'on leur fait subir pour amortir ses propres pertes peuvent être perçues comme équitables. Ainsi, la manière dont on présente une situation peut fortement influencer la perception d'équité et, par conséquent, le sentiment de justice.

43. Expérience rapportée par M. H. Bazerman et M. A. Neale, « The Role of Fairness Considerations and Relationships in a Judgmental Perspective of Negotiation », *Barriers to Conflict Resolution*, p. 89-90.

Parallèlement, les travaux d'Austin[44] ont examiné l'effet de la relation qui existe entre les parties sur la norme qu'elles utilisent pour répartir des bénéfices à la suite de la réalisation d'une tâche. Dans cette étude, on a demandé à une personne de répartir une somme, à la suite de la complétion d'une tâche commune, et d'expliquer le critère de distribution qu'elle trouvait équitable. Ainsi, quand la tâche était réalisée avec un ami, elle avait tendance à effectuer un partage égal de la somme, faisant abstraction de la contribution spécifique de chacun. Par contre, quand la tâche était réalisée avec un étranger, elle était plutôt encline à en faire une distribution soit égale dans le cas où sa propre contribution avait été inférieure à celle de l'étranger, soit proportionnelle à la contribution de chacun dans le cas où la sienne avait été supérieure. Ainsi, l'aspect relationnel a également une incidence décisive sur la perception d'équité.

Ces études illustrent que l'équité est avant tout une question de perception et de relation. Dans ce chapitre, nous explorerons le mode de construction de cette perception et l'effet de la sensation d'équité sur le processus de négociation. Ensuite, nous proposerons des stratégies susceptibles d'inspirer les négociateurs à présenter leurs options de manière que celles-ci soient perçues comme équitables et, donc, plus favorables à la conclusion d'une entente.

Comprendre la notion d'équité

Un enfant pleure parce qu'il croit que son frère a eu droit à une plus grande part du gâteau que lui. Une femme croit que son mari n'accomplit pas sa part des tâches dans la maison. Qu'est-ce qui permet à ces personnes de dénoncer une injustice et de demander réparation ? L'impression que la division du gâteau ou que la répartition des tâches est inéquitable. Nous verrons ici que si les critères d'équité peuvent être objectifs, le choix

44. *Id.*, p. 97.

d'un critère et l'évaluation de la pertinence du choix sont généralement subjectifs.

Le critère de distribution

Lors de la distribution de bénéfices, l'équité peut faire référence à trois grands principes que les parties peuvent employer pour évaluer si une entente est juste par rapport au principe d'équité retenu[45]. C'est la partie objective de l'évaluation du caractère juste ou injuste d'une solution. Notons que ces mêmes critères d'équité peuvent être utilisés pour répartir les coûts et les pertes. On peut donc s'en servir dans des négociations portant sur des réparations et des dommages.

Le premier principe, la répartition au mérite, préconise que les ressources devraient être partagées en fonction de la contribution de chacun. La récompense irait donc aux parties selon ce que chacune d'elles aura fourni comme effort en vue du résultat final. Le deuxième principe, l'égalité, établit que chacune des parties devrait recevoir une part comparable ou égale des ressources, peu importe sa contribution ou ses besoins respectifs, tout simplement parce que les êtres humains devraient bénéficier d'un traitement égal. Enfin, le troisième principe, les besoins, stipule que les ressources disponibles devraient être distribuées strictement en vertu des besoins de chacun. Par exemple, ceux qui ont de plus grands besoins devraient en obtenir plus.

Le rationnel derrière le choix d'un critère

Plusieurs critères d'équité peuvent être utilisés pour une même situation. Quand on parle de choix, on parle aussi de possibilité de divergences et de négociation. Les parties feront appel à la rationalité pour expliquer le critère utilisé pour diviser les bénéfices et les ressources. Cette justification sera d'autant plus

45. Rapporté par Morton Deutsch, « Justice and Conflict », *The Handbook of Conflict Resolution : Theory and Practice*, p. 42-43.

importante pour la partie qui en obtient le moins, car c'est elle qui court le plus grand risque de se sentir flouée. En ce sens, l'aspect rationnel derrière le choix d'un critère est plus important que le critère lui-même, ce qui laisse beaucoup de place à la subjectivité et à l'argumentation.

Plus spécifiquement, il s'agira d'expliquer pourquoi il est équitable que l'une des deux parties en obtienne plus que l'autre. Non seulement la partie qui en obtient le plus ne veut pas paraître trop exigeante, mais il faut également éviter que la partie qui en obtient le moins soit perçue comme faible ou trop conciliante. Ainsi, on s'aperçoit que lors d'une distribution asymétrique, si on veut que le sentiment d'équité perdure au sein des deux camps en négociation, il faut absolument expliquer de façon rationnelle le raisonnement qui sous-tend une distribution inégale.

La nature de la relation entre les parties

La relation qu'entretiennent les deux parties constitue un des éléments subjectifs au cœur du choix d'un critère d'équité. Ainsi, dans le cadre de négociations, plus une partie entretient une relation négative avec l'autre, plus elle voudra obtenir une répartition qui l'avantage (avoir plus de 50 %). À l'inverse, plus une partie entretient une relation positive avec l'autre, plus elle aura tendance à viser une allocation égalitaire (moitié-moitié) ou encore altruiste (l'autre obtient plus de 50 %). Ainsi, la plupart des gens rechercheront une entente qui les avantage lorsqu'ils ne sont pas en bons termes avec l'autre partie.

Comme nous pouvons le constater, la nature de la relation qui existe entre les parties est un aspect critique à considérer. Les parties les plus fortes tendent à favoriser une distribution au mérite et selon l'évaluation qu'elles font de leur propre contribution, alors que les parties les plus faibles tendent à rechercher l'égalité. Dans une relation amicale, on tend à tenir compte davantage du principe des besoins quand on discute notamment de développement et de la situation de chacune des parties.

Conséquemment, la gestion de la relation, c'est aussi la gestion de la perception d'équité. Par extrapolation, on remarque que dans les négociations la relation peut être utilisée comme levier. En effet, si l'autre partie nous perçoit positivement, elle aura naturellement tendance, de façon inconsciente, à viser une distribution 50-50 même si on ne la mérite pas !

L'incidence sur les négociations

La difficulté qui entoure le choix et l'application de manière consensuelle d'un critère d'équité peut entraîner un sentiment d'injustice qui aura nécessairement une incidence sur les négociations. Nous aborderons ici deux conséquences majeures d'une perception d'iniquité : l'impasse des négociations et le désir de revanche.

L'impasse des négociations

Rares sont ceux qui signent une entente qu'ils trouvent injuste. C'est d'autant plus vrai s'ils ont l'impression que l'entente est injuste envers eux ! Conséquemment, le premier effet de la perception d'iniquité est l'impasse des négociations. Si le concept va de soi, il demeure un point nébuleux. À partir de quel moment une solution est-elle perçue comme suffisamment inéquitable pour engendrer son rejet et l'échec des négociations ? Les expériences menées par Güth et Schmittberger (1982)[46] ont tenté de répondre à cette question.

Au cours d'une de leurs expériences, ils ont demandé à un participant de partager une certaine somme d'argent avec un

46. Expérience rapportée par M. H. Bazerman et M. A. Neale, « The Role of Fairness Considerations and Relationships in a Judgmental Perspective of Negotiation », *Barriers to Conflict Resolution*, p. 90-91.

autre. Alors que le premier était en position de force et pouvait choisir comment l'argent allait être distribué, le second avait le choix d'accepter ce partage et de recevoir la part offerte par le premier participant ou de le refuser. En cas de refus, les deux parties n'obtenaient alors absolument rien. Théoriquement, on pourrait s'attendre à ce que le participant en position de faiblesse accepte n'importe quel partage, puisqu'il s'agit en somme d'un cadeau. Or, il n'en est rien puisque bien des gens préfèrent perdre l'occasion de recevoir quelque chose plutôt que d'accepter un gain beaucoup plus faible que celui de l'autre. La perception d'iniquité les pousse à refuser le cadeau. Au cours de cette expérience, le participant en position de faiblesse rejetait généralement l'offre s'il recevait moins du tiers de la somme à partager. Il préférait ainsi tout perdre que de voir l'autre participant obtenir plus du double de sa part (les deux tiers restants). Cet exemple illustre la présence d'une dimension psychologique échappant à tout raisonnement économique.

Prenons l'exemple d'un gouvernement qui annonce des compressions budgétaires de 100 millions de dollars dans un programme de bourses d'études. Outrés, les étudiants font une grève. Des négociations ont lieu entre les représentants étudiants et le gouvernement. Après plusieurs jours, le gouvernement annonce une révision du plan de compressions à 80 millions de dollars. Les étudiants refusent même si la pression monte. Le gouvernement propose alors une révision à 70 millions de dollars et les étudiants acceptent à contrecœur. Plusieurs raisons peuvent expliquer l'acceptation de l'offre du gouvernement par les étudiants. Il est cependant intéressant de remarquer que la barrière du tiers-deux tiers a été franchie avec la nouvelle offre. Inspiré de faits réels, cet exemple n'est pas isolé. Observez les négociations sociales, vous verrez que bien peu d'ententes sont conclues avant que cette barrière psychologique soit franchie.

Le désir de revanche

Cependant, si une entente nous semble inéquitable, il arrive parfois qu'il nous soit impossible de la refuser pour diverses raisons. Si une partie accepte une entente mais conserve un sentiment d'iniquité, il y a de fortes chances pour que d'importants problèmes surviennent par la suite. En effet, la perception d'iniquité crée un sentiment d'injustice qui conduit généralement la partie qui se sent lésée à se venger. Cette revanche peut d'ailleurs prendre plusieurs formes.

Ainsi, la partie insatisfaite peut retarder ou nuire à la mise en application de l'entente car, au fond d'elle-même, elle n'est absolument pas motivée à la mettre en place. Elle boycotte l'entente ou se trouve un faux-fuyant. La partie insatisfaite peut aussi se contenter de ce qu'elle vient d'obtenir tout en planifiant de se reprendre à la prochaine occasion. Dans ce cas, le sentiment d'iniquité aura été une difficile pilule à avaler et l'esprit de revanche sera au rendez-vous lorsque les parties devront se rencontrer de nouveau.

Par exemple, dans le cadre d'une négociation de contrats exclusifs de fournitures, l'acheteur utilise l'agressivité pour intimider le fournisseur. Il s'entend sur d'importants volumes d'achat avec son fournisseur, mais il lui demande en contrepartie un rabais qui fait que, en bout de course, les marges de profit sont minimes. De plus, il est stipulé dans le contrat que si les marchandises ne sont pas livrées dans un délai inférieur à 10 jours ouvrables, le contrat de service sera annulé. Au départ, le fournisseur pensait y trouver son compte, car il s'assurait d'importants volumes de vente. Cependant, quelques jours plus tard, il constate que ses marges de profit sont tout à fait ridicules et qu'il a été roulé par la stratégie de l'acheteur. Se trouvant ainsi coincé, le fournisseur retarde volontairement ses premières livraisons afin de briser le contrat. Il se dit : « J'aime mieux tout annuler que de me faire avoir ! »

La désamorce du sentiment d'injustice

Si le phénomène de perception d'équité n'est pas simple et peut provoquer potentiellement l'échec des négociations, les parties concernées disposent tout de même de certains outils qui leur permettront de l'influencer. On verra notamment la nécessité d'établir une relation positive avec l'autre partie, de s'entendre au préalable sur un critère d'équité et de présenter ses demandes comme un amortissement de ses pertes.

Établir une relation positive avec l'autre partie

Pruitt (1983) suggère qu'une relation continue ou potentielle entre les parties peut représenter une motivation majeure pour réaliser des ententes plus intégratives, c'est-à-dire qui répondent mieux aux besoins et aux intérêts de chacun[47]. On peut d'ailleurs faire un parallèle intéressant avec le concept de structuration des attitudes du modèle de négociation de Walton et McKersie[48]. Ainsi, l'attitude envers l'autre, soit positive, soit négative, a une incidence majeure sur l'orientation des négociations – collaboration ou compétition – et l'orientation, tout comme la relation, a une incidence sur le choix du critère d'équité.

En général, nous pouvons résumer l'incidence de la relation sur la perception d'équité de la manière suivante. Une relation positive favorise des critères d'équité basés sur l'égalité ou sur les besoins. Par contre, une relation négative favorise l'adoption d'un critère d'équité basé sur le mérite. Stratégiquement, vous avez avantage à bâtir une bonne relation afin que l'autre privilégie des critères d'égalité ou base l'équité sur les besoins.

---

47. Observation rapportée par M. A. Bazerman et M. A. Neale, «The Role of Fairness Considerations and Relationships in a Judgmental Perspective of Negotiation», *Barriers to Conflict Resolution*, p. 105.

48. Pour plus de détails, consulter R. E. Walton et R. B. McKersie (1965), *A Behavioral Theory of Labor Negotiations.*

Par contre, si votre contribution excède celle de l'autre, il peut être stratégique de garder une certaine distance relationnelle afin que le critère d'équité basé sur le mérite soit privilégié.

Imaginons la situation suivante. Dans une classe, Marc assiste à tous les cours, intervient régulièrement et pose des questions très pertinentes. Il discute avec le professeur à la fin des cours. Paul est, pour sa part, souvent absent et, la plupart du temps, il lit un magazine posé sur ses genoux pendant les cours. Il arrive en retard et interrompt ainsi le professeur. Si ces deux étudiants demandaient une révision des notes d'un examen, il y a de fortes chances pour que l'étudiant qui a bâti une bonne relation avec le professeur reçoive un traitement nettement plus favorable que l'autre. Le professeur sera plus enclin à choisir le critère de distribution au besoin pour Marc, ce qui l'avantagera car il a besoin d'une bonne note pour obtenir une bourse, et le critère de mérite pour Paul, ce qui le désavantagera car il n'a pas fourni un effort comparable à celui des autres étudiants. Ainsi, la relation peut influencer le choix du critère d'équité que privilégiera le professeur.

S'entendre au préalable sur un critère d'équité

Puisque le critère d'équité est sous-jacent à l'analyse de ce qui est juste ou non, il est avantageux pour les parties de s'entendre au préalable sur un critère d'équité. On choisit donc le critère avant de chercher des solutions. Ainsi, le critère est choisi par discussion au début des négociations, et non par argumentation lors du choix d'une option de solution. Le critère d'équité n'est plus un objet de discorde, mais une source de ralliement à l'adoption d'une solution.

En négociation, on considère deux types de critères d'équité. D'abord, les normes peuvent agir comme points de référence. On parle alors de précédents, de valeur du marché, de jurisprudence, de coutumes, etc. Puis, il y a les procédures ; dans ce cas-ci, c'est la manière de choisir qui est équitable (par exemple, le tirage au sort, l'alternance, etc.). Lorsque les parties ne parviennent pas à trouver une norme qui puisse être communément considérée comme équitable, elles peuvent s'entendre sur un processus qui s'assurera que la distribution l'est.

Prenons l'exemple d'un couple qui essaie de s'entendre sur qui ils iront visiter en fin de semaine : les amis de l'homme ou les amis de la femme. Dans cette situation, il est difficile de trouver un critère d'équité. En effet, les amis de l'un valent les amis de l'autre. Des critères comme l'ancienneté de l'amitié, la proximité émotive provoqueront des discussions stériles. Par contre, le couple peut se rabattre sur une procédure d'équité. Ainsi, il est possible de s'entendre sur un processus d'alternance. Une semaine sur deux, chaque personne du couple choisira l'ami qu'elle désire visiter. En procédant de cette façon, les deux parties y trouvent leur compte et on évite toute perception d'iniquité. L'harmonie est maintenue.

Présenter ses demandes comme un amortissement de ses pertes

La troisième stratégie possible consiste à présenter nos demandes selon un cadre de référence favorisant la perception d'équité. Comme nous l'avons vu précédemment, lorsqu'une demande est perçue comme un gain, les individus sont plus sensibles à la perception d'équité. Par contre, lorsque celle-ci est présentée sous l'angle de l'amortissement de pertes, ils sont plus flexibles dans l'évaluation de ce qui est raisonnable ou non. Ainsi, l'angle utilisé pour justifier le choix d'un critère d'équité est très important ; le négociateur habile doit en tenir compte.

La notion de base est la suivante : si nous demandons une répartition asymétrique qui est en notre faveur, le meilleur argument n'est pas celui de notre rapport de forces. En effet, ce type d'argument ne ferait qu'amplifier l'impression d'injustice ou d'abus. Nous avons vu précédemment qu'il est plus stratégique de présenter à l'autre partie que l'entente nous fera subir plus de pertes qu'elle et qu'il est donc normal que nous obtenions davantage. Si les pertes sont perçues comme légitimes, la distribution asymétrique le sera aussi.

Imaginons une situation où deux fournisseurs décident de s'associer. Celui qui est le mieux implanté dit à son nouveau partenaire: «Écoute, je suis plus gros que toi, donc je propose une entente 60-40.» En agissant ainsi, il y a de fortes chances que l'autre trouve qu'on abuse de lui et qu'il n'est pas acceptable de séparer les profits de cette façon. Le fournisseur le plus important pourrait plus efficacement présenter la situation comme suit: «Puisque mon entreprise est plus solide que la tienne, je prends un risque plus élevé que toi en m'associant. Pour compenser ce risque, je considère comme juste qu'on divise les profits 60-40.» Cette seconde façon de procéder a beaucoup plus de chances d'être acceptée par l'associé, car la distribution asymétrique paraît beaucoup plus justifiable.

En résumé

Généralement, les gens acceptent une entente s'ils ont l'impression qu'elle est équitable. C'est dans cette perspective qu'on peut dire que la gestion de la perception d'équité est un élément que les négociateurs ont avantage à maîtriser. Sans perception d'équité, un sentiment d'injustice apparaît généralement et les personnes sont portées à refuser une entente, voire à mettre fin aux négociations. Si elles doivent accepter l'entente à contrecœur parce qu'elles n'ont pas le choix, elles chercheront alors à s'y soustraire à la moindre occasion ou encore à se reprendre lors des prochaines négociations. Pourtant, la même entente peut paraître équitable selon le contexte qui entoure le choix d'un critère d'équité.

Dans un cadre d'une négociation, pour mieux gérer la perception d'équité, nous avons proposé aux négociateurs trois stratégies. La première consiste à bâtir une bonne relation avec l'autre. Plus la relation est positive, plus l'autre est porté à partager à parts égales les gains et les coûts associés à une entente. Ensuite, nous avons suggéré qu'il était important de s'entendre au préalable sur un critère d'équité. Cette stratégie permet d'objectiver la prise de décision et contribue à donner à la solution finale une aura d'équité. Finalement, il est stratégique de présenter ses demandes comme un moyen d'amortir ses pertes. En effet, les gens perçoivent les concessions faites en fonction des pertes de l'autre comme plus équitables.

Bibliographie

Albin, C. (1993). «The Role of Fairness in Negotiation», *Negotiation Journal*, 9 (3) (juillet), p. 223-242.

Bazerman, M. H. et M. A. Neale (1995). «The Role of Fairness Considerations and Relationships in a Judgemental Perspective of Negotiation», *Barriers to Conflict Resolution*, K. Arrow *et al.*, New York, W. W. Norton, p. 87-106.

Buchan, N. R., R. T. A. Croson et E. Johnson (2004). «When Do Fair Beliefs Influence Bargaining Behavior? Experimental Bargaining in Japan and the United States», *Journal of Consumer Research*, 31 (juin), p. 181-188.

Deutsch, M. (2000). *The Handbook of Conflict Resolution : Theory and Practice*, San Francisco, Jossey-Bass, p. 41-63.

Walton, R. E. et R. B. McKersie (1965). *A Behavioral Theory of Labor Negotiations*, New York, McGraw-Hill, 437 pages.

Chapitre 8

La préoccupation de l'image de soi et l'impasse des négociations

Qui a perdu l'honneur n'a plus rien à perdre.

Publius Syrus

Les recherches de Bert R. Brown, du Teachers College de l'université Columbia[49], ont permis de constater que le fait de vouloir sauver la face peut inciter les individus à adopter des comportements irrationnels dans le cadre d'une négociation. Pour son expérience, Brown a invité des étudiants à participer à une joute de négociations avec d'autres étudiants. Il a alors divisé les étudiants en trois équipes, soit A, B et C. La première phase de l'expérience correspondait à une joute de négociations entre les groupes A et C, puis entre les groupes B et C. Ce que les membres des groupes A et B ignoraient, c'est que le professeur Brown conseillait personnellement les étudiants de l'équipe C afin qu'ils adoptent une stratégie de négociation agressive. Conséquemment, les équipes A et B ont enregistré plusieurs défaites successives face au groupe C entraîné par Brown.

Pour la deuxième phase de l'expérience, Brown a demandé à des observateurs (en fait, des complices) d'émettre des commentaires très négatifs aux membres de l'équipe A sur la manière dont ils gèrent leurs négociations. Ceux de l'équipe B reçoivent, quant à eux, des commentaires plutôt positifs. Commence alors la troisième phase qui consiste en une deuxième ronde de négociations entre les équipes A et C, puis B et C. Ici, Brown laisse

49. Expérience rapportée par B. R. Brown, *The Effects of Need to Maintain Face on Interpersonal Bargaining*, p. 107-122.

aux membres des équipes A et B le choix d'adopter une stratégie de revanche ou de collaboration à l'égard de l'équipe adverse (équipe C).

La stratégie de revanche peut non seulement faire subir de lourdes pertes à l'autre équipe, mais elle risque également de faire échouer les négociations et d'occasionner finalement des pertes financières importantes pour les deux protagonistes. La stratégie de collaboration favorise une entente avec un compromis acceptable pour les deux adversaires. Les équipes A (commentaires négatifs) et B (commentaires positifs) allaient-elles choisir la même stratégie? Le choix des équipes en dit long sur l'importance de l'image de soi en négociation.

Bien que les deux équipes aient chacune enregistré des pertes lors de leur première ronde de négociations contre l'équipe C, les étudiants ayant reçu des commentaires négatifs (équipe A) ont en majorité choisi une stratégie de revanche qui a conduit à un échec de leurs négociations, alors que ceux qui ont reçu des commentaires positifs (équipe B) ont en majorité choisi la stratégie de collaboration et conclu une entente. Les membres de l'équipe A ont donc préféré se venger que de conclure une entente satisfaisante.

Cette expérience démontre le rôle clé de l'image de soi dans les négociations. Ce chapitre a pour objectif de mieux comprendre ce phénomène. D'abord, nous aborderons en détail la problématique de l'image de soi et de ses composantes dans un contexte de négociation. Ensuite, nous présenterons les incidences d'une dépréciation de l'image de soi sur les négociations. Enfin, nous énoncerons quelques stratégies permettant de protéger sa propre image sociale ou celle de la partie adverse, afin de ne pas court-circuiter par inadvertance les possibilités de conclure une entente.

Comprendre la préoccupation de l'image de soi en négociation

Le psychologue Morton Deutsch (1961)[50] soutient que tous les négociateurs recherchent deux objectifs principaux : 1. obtenir une entente avantageuse ; et 2. préserver une image sociale positive. Lorsque ces deux motivations entrent en conflit, les individus sont plus susceptibles de rechercher le second objectif, quitte à ne pas conclure d'entente. C'est pourquoi il est conseillé aux négociateurs de ne pas porter atteinte à l'honneur de la partie adverse lors de la négociation, puisque la perte d'image incite les individus concernés à adopter des comportements de vengeance et d'entêtement afin de rétablir leur image aux yeux des autres[51]. Pour mieux comprendre l'importance de l'image de soi, nous examinerons les besoins fondamentaux qui accompagnent ce phénomène. Ensuite, nous aborderons l'impact de l'auditoire sur les négociations à caractère public.

Le maintien de l'image sociale en tant que besoin fondamental

L'image de soi correspond à la façon dont un individu se représente dans son rapport à l'autre et à la société. L'image sociale est l'image que l'individu souhaite que les autres aient de lui. Selon Brown et Levinson, une image sociale positive est associée, d'une part, au besoin d'approbation de l'individu, c'est-à-dire voir ses compétences et ses habiletés reconnues par les autres, et, d'autre part, à son besoin d'appartenance à une certaine catégorie sociale. Par extension, comme l'homme est fondamentalement un animal relationnel, l'image sociale d'un individu est

50. Rapporté par J. B. White, R. Tynan, A. D. Galinsky et L. Thompson, *Face Threat Sensitivity in Negotiation : Roadblock to Agreement and Joint Gain*, p. 109.
51. R. Lewicki, J. Saunders et B. Barry (2003), *Negotiation*, p. 308-310.

associée à sa capacité de survie, qui est conditionnelle à son appartenance à son statut dans un groupe.

On parlera de perte d'image sociale lorsqu'une personne ressent que ses revendications et ses besoins sur le plan de l'identité sont ignorés ou encore compromis par autrui. On parle ici de situation où la personne se sent intimidée, insultée ou fragilisée par les propos et par les actions de son interlocuteur. Cette perte d'image pourra alors être instinctivement associée à une atteinte à sa capacité de survie. Dans cette perspective, on peut aisément comprendre qu'un individu qui verrait son image sociale ainsi compromise serait particulièrement motivé à protéger et à restaurer cette image coûte que coûte[52] !

Dans bien des cas, la question de la protection de l'image devient une préoccupation qui ne souffre aucun compromis, entre autres dans un contexte de négociation. Certaines recherches suggèrent même que lorsque l'identité du négociateur est menacée, le conflit peut devenir beaucoup plus difficile à résoudre. Les recherches de Carson et Cupach démontrent d'ailleurs que plus l'image est perçue comme menacée, plus l'émotion, voire la colère, générée sera vive[53]. La nécessité de sauver la face n'est sans doute pas un objectif en soi, mais elle devient nécessairement une condition du maintien d'une négociation saine et efficace avec l'autre[54].

---

52. Rapporté par J. B. White, R. Tynan, A. D. Galinsky et L. Thompson, *Face Threat Sensitivity in Negotiation : Roadblock to Agreement and Joint Gain*, p. 147.

53. Pour plus de détails, voir la recherche de C. L. Carson et W. R. Cupach (2002), «Characteristics and Consequences of Interpersonal Complaints Associated With Perceived Face Treat», *Journal of Social and Personal Relationships*, vol. 19, n° 4, p. 443-462.

54. *Id.*, p. 105.

L'auditoire : le facteur amplificateur

Un négociateur tentera généralement de communiquer une image positive de lui-même à deux types d'auditoires : d'abord aux personnes en interaction directe avec lui lors de la négociation, puis aux témoins de la négociation[55]. Ainsi, on constate que lorsqu'un négociateur représente les intérêts d'un groupe auquel il doit rendre compte de certains résultats, il aura tendance à devenir inflexible afin de conserver l'estime et le respect de cet auditoire. Cela s'avérera d'autant plus vrai s'il perçoit que la partie adverse porte atteinte à son image sociale. C'est là que la présence d'un auditoire amplifie la nécessité de préserver une bonne image de soi au cours des négociations.

Ainsi, on observera que le négociateur à qui on a porté atteinte à son image sociale, voire une humiliation, sera préoccupé par la nécessité de préserver l'estime et le respect des autres négociateurs ainsi que de tous les membres de l'auditoire dans l'espoir de continuer à défendre leurs intérêts lors de prochaines négociations. On remarquera par ailleurs que le désir de préserver son image sociale en présence d'un auditoire passe avant celui d'être respecté par son interlocuteur. De plus, préserver l'estime des membres sera parfois plus important qu'obtenir des gains pour eux.

L'incidence sur les négociations

Examinons maintenant quelques-unes des conséquences que pourrait avoir sur les négociations la menace à l'image de soi. Celles-ci peuvent être regroupées en deux conséquences majeures : la perte de vue de l'objet principal de la négociation et la réduction des possibilités de compromis.

55. B. R. Brown (1968), «The Effects of Need to Maintain Face on Interpersonal Bargaining», *Journal of Experimental Social Psychology*, 4, p. 107-122.

La perte de vue de l'objet principal de la négociation

On constate que toute atteinte ou menace à l'image sociale incitera les acteurs à vouloir davantage consacrer leur attention et leurs efforts au maintien, voire à la restauration, d'une image sociale positive qu'à la poursuite d'une entente mutuellement favorable. De fait, le besoin de sauver la face dominera le processus de négociation tant et aussi longtemps que les parties ressentiront une menace à leur image sociale. Parfois, les négociateurs voudront s'assurer de rétablir leur crédibilité en vue de négociations futures aux dépens de la recherche d'une solution qui soit mutuellement acceptable pour les deux parties[56].

C'est ainsi que les négociateurs perdront de vue leurs objectifs premiers, c'est-à-dire ces objectifs qui les avaient incités à amorcer une négociation avec l'autre. Lorsque la préoccupation liée au maintien d'une image positive devient l'enjeu prioritaire, les négociateurs entrent alors dans une zone d'irrationalité. Certains sont prêts à tout perdre pour sauver leur honneur. Souvent, ils sacrifieront l'intérêt du groupe ou encore de leur organisation si cela peut leur permettre de sauver la face. Ce geste n'est pas fait par malhonnêteté, mais plutôt par instinct de survie.

Prenons l'exemple d'une équipe de travail. Le responsable du marketing et celui des ventes ne s'entendent pas sur la meilleure façon de mettre en marché leur nouveau produit. En fait, depuis que le premier a glissé dans la conversation que son vis-à-vis n'avait pas assez d'expérience pour exercer un poste de direction, la discussion n'a cessé de s'enliser. En effet, offusqué par cette remarque, le responsable du marketing est entré en mode compétitif pour regagner sa crédibilité et il refuse systématiquement toutes les propositions du responsable des ventes. Ce qui devait être un simple exercice de travail d'équipe per-

56. J. P. Folger, M. S. Poole et R. K. Stutman (2005), *Working Through Conflict*.

mettant la réalisation d'un objectif commun se transforme ainsi progressivement en combat de coqs. Le prestige de chacun passe avant les profits de l'entreprise.

La réduction des possibilités de compromis

Sans nécessairement conduire à une impasse, nous devenons plus sourds aux demandes de l'autre lorsque notre propre image est attaquée, pas nécessairement par vengeance, mais simplement parce que faire un compromis serait associé à lui donner raison. On se retrouverait ainsi à valider l'insulte qu'on a subie ! Ainsi, offenser l'autre dans l'espoir qu'il assouplisse sa position et nous accommode est rarement une stratégie payante. Plus souvent qu'autrement, nous poussons l'autre à refuser notre demande. Cela va de soi, mais c'est pourtant une erreur de négociation fréquente.

Il est intéressant de noter que lorsqu'on demande aux gens s'ils croient que les insultes et les menaces sont un bon moyen d'obtenir une concession, la plupart d'entre eux répondent positivement. Pourtant, lorsqu'on leur demande s'ils auraient tendance à faire une concession si on les insultait et les menaçait, la plupart des gens répondent par la négative ! Pourquoi cette différence d'opinion? Parce que dans le second cas, les personnes voient bien que leur honneur se retrouve sur la ligne de feu, alors que dans le premier cas, elles oublient que l'autre aussi a un peu d'orgueil. Menacer ou insulter l'autre, c'est mettre en péril son image de soi et risquer de bloquer toute possibilité de compromis.

Pour illustrer ce point, prenons un exemple politique. Le gouvernement au pouvoir propose une nouvelle loi. Le leader du parti d'opposition suggère un amendement, mais prend auparavant bien soin de critiquer le jugement du gouvernement. L'objectif visé est, bien sûr, de démontrer « le rôle essentiel » de chien de garde que joue l'opposition, mieux encore, que si l'opposition avait été au pouvoir, ce genre de carence n'aurait pas eu lieu.

Ainsi, le leader de l'opposition crée une situation où il devient impossible pour le gouvernement d'accepter l'amendement proposé parce que cela serait admettre que la critique est fondée. Comme l'image en politique est ce qu'il y a de plus important, l'intérêt politique l'emportera sur l'intérêt de la population qui aurait probablement été bien servi par un compromis.

Désamorcer les impasses dues à l'image de soi

Voici maintenant cinq stratégies qui peuvent éviter ou encore désamorcer les effets pervers de la perte de l'image sociale en négociation. Cela inclut l'autocensure stratégique, la valorisation de l'autre, le huis clos, la possibilité de permettre à l'autre de réaliser un coup d'éclat et l'objectivation de la prise de décision.

L'autocensure stratégique

Il s'agit d'une stratégie qui vise à éviter de mettre l'image sociale de nos interlocuteurs sur la ligne de feu. Elle implique la prise de conscience de ce qui, tant dans nos paroles que dans nos faits et gestes, constitue une menace à l'image sociale de notre interlocuteur. En d'autres termes, l'autocensure a pour objectif de nous permettre de minimiser les comportements jugés négatifs par notre interlocuteur et, par conséquent, d'éviter de l'embarrasser, afin de l'amener à collaborer plus volontairement au processus de négociation[57]. Il s'agit d'une manœuvre stratégique, car l'objectif n'est pas d'être aimable par altruisme, mais d'éviter de bloquer inutilement les concessions qui pourraient nous être faites.

L'autocensure peut se faire sur plusieurs plans. On doit d'abord éviter de formuler blâmes, accusations et jugements négatifs envers l'autre et demeurer centré sur les faits, le problème à résoudre et les objectifs à atteindre. De plus, lorsqu'on commet

57. R. Fisher. et W. Ury (1981). *Getting to Yes*.

un faux pas et qu'on blesse l'autre, il faut être prêt à s'excuser et à corriger la situation, le cas échéant. L'autocensure peut aussi signifier un recadrage du comportement de l'autre dans une disposition de collaboration, même si celui-ci est agressant. Au lieu de le critiquer, on le remercie de son aide. Évidemment, il faut parfois faire abstraction de son ego. Un négociateur stratégique ne laisse pas son orgueil l'empêcher d'obtenir ce dont il a besoin.

Prenons l'exemple d'un conflit entre une compagnie et l'un de ses fournisseurs. Le représentant de l'entreprise tente d'obtenir un crédit, car le délai de livraison a largement été dépassé. Aussi, il a appris que d'autres clients comme lui reprochent à ce fournisseur ses délais qui semblent planifiés. Il soupçonne en effet que ce dernier accumule les commandes afin de produire en plus grosses quantités, réduisant de ce fait ses coûts de fabrication. L'entrepreneur décide donc de communiquer avec son fournisseur par courriel, courriel qu'il choisit de relire avant de l'envoyer. Il s'aperçoit alors que sa remarque au sujet des délais «planifiés» utilisés pour réaliser des profits aux dépens des clients, même si elle est pertinente, risque de mettre son interlocuteur sur la défensive et dans l'embarras. Il décide donc de s'autocensurer et de retirer ce passage. Il augmente ainsi les chances d'une réaction positive du fournisseur. De plus, il pourra toujours utiliser cet argument plus tard si le fournisseur venait éventuellement à s'entêter.

La valorisation de l'autre

Cette stratégie a pour objectif de valoriser l'interlocuteur afin de l'amener à collaborer plus volontairement durant la négociation. Il est important ici de préciser qu'il ne s'agit pas de se mettre à genoux devant l'autre, mais plutôt de souligner ses bons coups et de lui témoigner du respect, en se disant que si son orgueil est ménagé, on évitera une polarisation inutile de ses demandes. En d'autres termes, on prévient les coups tout en répondant à l'objectif inconscient de l'autre de maintenir son image de soi, sans avoir à lui faire de concessions pour satisfaire son orgueil.

Si on observe les négociateurs expérimentés de la sphère publique, on remarque qu'ils adoptent régulièrement cette stratégie. En effet, on les voit qualifier leur interlocuteur de personne expérimentée ou encore de négociateur redoutable. Ils évitent ainsi de mettre l'orgueil de l'autre sur la ligne de feu. Même si ce dernier s'entête à maintenir des demandes irréalistes, les négociateurs expérimentés affirmeront comprendre les revendications, mais ils expliqueront leur refus par leur marge de manœuvre limitée. Les négociateurs moins expérimentés commettront plutôt l'erreur de traiter leur interlocuteur de «déconnecté» de la réalité ou encore d'arrogant. Ce faisant, ils amorceront une lutte où la restauration de l'image publique constitue l'enjeu plutôt que la recherche d'une solution viable. Les concessions pour finaliser l'entente deviennent alors improbables.

Imaginons une cliente particulièrement pointilleuse et énervée qui se présente au service des plaintes d'une compagnie. Rapidement, la superviseure très expérimentée prend les devants et écoute attentivement les commentaires de la clientèle insatisfaite. La superviseure reformule ensuite les propos de la dame en insistant sur le fait que, pour elle, ce ne sont pas des plaintes, mais plutôt une manière pour l'entreprise d'améliorer ses produits. Elle valorise l'importance et l'utilité des personnes qui font l'effort de se présenter à son service pour y formuler des commentaires sur leurs produits et services. En agissant de la sorte, la superviseure sort la dame de son rôle négatif de plaignante et met toutes les chances de son côté pour créer un climat de collaboration.

Négocier si possible à huis clos

Une stratégie fréquemment utilisée dans le cadre de négociations à caractère public consiste à tenir des rencontres à huis clos afin d'éviter l'effet spectacle et de permettre l'expression des préoccupations et l'exploration des solutions possibles dans un cadre confidentiel. L'objectif du huis clos est de circonscrire l'auditoire des négociations afin de limiter son effet d'amplification sur le rôle de l'image de soi dans le processus de négociation.

Pour être efficace, cette stratégie sous-entend que les parties s'accordent sur un ensemble de règles pour communiquer la progression des négociations à leurs membres ou encore au public. Celles-ci peuvent s'entendre pour éviter les attaques personnelles, s'abstenir de critiquer l'autre publiquement et présenter l'avancement des négociations de façon neutre. Parfois, les parties peuvent convenir d'une déclaration commune. L'objectif est alors de tenir les mandataires dans le coup sans pour autant perdre les avantages de négocier à huis clos.

Prenons l'exemple d'une négociation de convention collective qui a tourné au vinaigre, ce qui a provoqué une grève fortement médiatisée. Après un certain temps, le patron et la partie syndicale décident de nommer deux nouveaux négociateurs pour faire redémarrer les discussions. Ceux-ci se rencontrent et en viennent à la conclusion qu'il faut absolument cesser les échanges en public et reprendre les négociations à huis clos. En effet, puisque les propositions filtraient dans les journaux, les deux parties se répondaient par l'intermédiaire des médias, ce qui ne faisait qu'empirer la situation. Les membres du syndicat ajoutaient ensuite leur grain de sel, forçant ainsi la cristallisation des positions. Il s'ensuivait inévitablement une escalade du conflit conduisant à un durcissement inutile des négociations.

Permettre à l'autre de réaliser un coup d'éclat

On conseille de permettre à l'autre de faire un coup d'éclat lorsqu'il y a déjà eu atteinte à l'honneur de celui-ci. Plus précisément, cette stratégie a pour objectif de contribuer à la restauration de l'image sociale de son interlocuteur sans avoir à faire une concession[58]. Le but visé est alors de retirer toute atteinte à l'image de soi comme obstacle à la conclusion d'une entente, sans engager de ressources additionnelles. En ce sens, il s'agit de gérer les apparences pour que notre interlocuteur ne perde pas la face en concluant une entente avec nous.

Le coup d'éclat peut prendre plusieurs formes. D'abord, on peut laisser l'autre avoir le dernier mot dans la joute verbale. On peut aussi le laisser présenter l'entente comme si elle émanait de lui. Notre vis-à-vis peut ainsi s'approprier la gloire du règlement même si, dans les faits, c'est lui qui a fait le plus de concessions. Finalement, il peut aussi être stratégique de faire une concession symbolique pour permettre à l'autre de démontrer à son auditoire qu'il s'est battu jusqu'au bout. Il va sans dire que le négociateur qui recourt à cette stratégie doit être assez mature pour accepter de mettre de côté son orgueil pour sortir de l'impasse d'une négociation.

Prenons l'exemple d'un promoteur immobilier en conflit avec une association de résidants. Tous les permis sont accordés au promoteur, mais ces derniers ont tout de même leur mot à dire car ils ont un droit acquis sur une petite portion située au centre des terrains du projet. Ainsi, depuis le début des discussions, le représentant des résidants fait beaucoup de concessions, mais il obtient néanmoins une entente raisonnable. Cependant, il se rend compte qu'il projette maintenant une image de faiblesse face aux résidants qu'il représente et il redoute que l'entente ne soit accueillie comme une trahison. Afin de modifier cette situation, il rencontre le promoteur et ils conviennent ensemble du plan suivant : 1. le promoteur accepte de faire une concession symbolique au représentant des résidants ; 2. pour que ce dernier puisse sauver la face, il annoncera cette demande de concession devant tout le monde sous forme d'ultimatum et menacera de faire échouer les négociations si cette dernière

58. W. Ury (1991), *Getting Past No.*

proposition est refusée. Ainsi, grâce à ce petit coup d'éclat, le représentant des résidants passera pour un batailleur, redorant ainsi son image face à eux, et le promoteur obtiendra ce qu'il voulait, soit une entente finale approuvée par les résidants.

L'objectivation de la prise de décision

La dépersonnalisation de la prise de décision constitue une manière efficace de ne pas mettre l'orgueil des négociateurs sur la ligne de feu. La stratégie proposée consiste à utiliser des critères objectifs pour évaluer si la solution négociée est satisfaisante. Parmi les critères objectifs possibles, notons la valeur du marché, la jurisprudence, les précédents ou une évaluation scientifique ou financière neutre. Ainsi, la décision finale peut être présentée comme un choix logique et non comme la résultante d'un rapport de force entre les négociateurs.

Notons cependant que pour que cette stratégie soit efficace, il importe de s'entendre dès le début des négociations sur les critères qui seront utilisés pour choisir laquelle des options élaborées durant les négociations sera retenue pour l'entente finale. En effet, si les critères ne sont pas déterminés au début, leur négociation à la toute fin deviendra alors une épreuve de force. Qui réussira à imposer ses critères? Loin de dépersonnaliser la prise de décision, le choix des critères sera associé au rapport de force et mettra en jeu l'orgueil des négociateurs, ce qui est contraire à l'effet recherché.

Pensons à la situation d'un jeune ingénieur, œuvrant dans le secteur de l'aéronautique, qui doit travailler en collaboration avec un collègue très orgueilleux qui a la réputation de vouloir toujours montrer qu'il a raison. Comprenant bien dans quel genre de situation il se trouve dorénavant, le jeune ingénieur réalise qu'il risque de devoir fréquemment argumenter avec son collègue durant les différentes phases du projet. Ce faisant, il décide avant même de travailler avec son collègue de prendre un moment pour s'entendre avec lui sur des critères de prise de décision.

Ainsi, en négociant et en définissant à l'avance les critères du choix des devis, notre jeune ingénieur s'assurera d'objectiver le processus de décision et évitera de tomber dans le piège de «celui qui a raison». Une lutte d'orgueil stérile est ainsi évitée.

En résumé

L'image de soi correspond à une conception personnelle de sa valeur sociale et à un désir de voir cette conception partagée par les autres. Elle repose sur des besoins d'identité et d'inclusion. Lorsqu'elle est menacée dans le contexte d'une négociation, les négociateurs perdent de vue les enjeux principaux pour se concentrer sur la restauration de leur image. Cette situation conduit généralement à un durcissement des positions ou à une impasse des négociations. Le niveau de collaboration possible s'en trouve diminué et l'atteinte d'une entente mutuellement favorable devient alors improbable parce que l'orgueil des négociateurs s'est retrouvé au premier plan des négociations.

Il est cependant possible de recourir à un certain nombre de stratégies pour désamorcer l'incidence de l'image de soi sur le processus de négociation. Les négociateurs peuvent en effet opter pour l'autocensure ou la valorisation de l'autre afin d'éviter l'escalade. Pour limiter les dommages à l'orgueil, ils peuvent choisir de négocier à huis clos ou d'objectiver la prise de décision. Finalement, permettre à l'autre de réaliser un coup d'éclat peut s'avérer une stratégie intéressante pour réparer une situation où celui-ci ne peut plus bouger sans endommager son image, dénouant ainsi l'impasse.

Bibliographie

Brown, B. R. (1968). «The Effects of Need to Maintain Face on Interpersonal Bargaining», *Journal of Experimental Social Psychology*, n° 4, p. 107-122.

Carson, C. L. et W. R. Cupach (2002). «Characteristics and Consequences of Interpersonal Complaints Associated With Perceived Face Threat», *Journal of Social and Personal Relationships*, vol. 19, n° 4, p. 443-462.

Fisher, R. et W. Ury (1981). *Getting to Yes*, New York, Penguin Books, 162 pages.

Folger, J. P., M. S. Poole et R. K. Stutman (2005). *Working Through Conflict*, Boston, Pearson Education Inc., p. 145-177.

Lewicki, R., J. Saunders et B. Barry (2003). *Negotiation*, New York, McGraw-Hill/Irwin, p. 308-310.

Ury, W. (1991). *Getting Past No*, New York, Bantam Books, 208 pages.

White, J. B., R. Tynan, A. D. Galinsky et L. Thompson (2004). «Face Threat Sensitivity in Negotiation : Roadblock to Agreement and Joint Gain», *Organizational Behavior and Human Decision Processes*, n° 94, p. 102-124.

Conclusion

Quatre habitudes à acquérir pour mieux négocier

Nous façonnons d'abord nos habitudes,
puis nos habitudes nous façonnent.

John Dryden

Au début du XXe siècle, un économiste italien, Vilfredo Pareto, faisait observer qu'en Italie, 80 % des richesses étaient détenues par 20 % des citoyens. Ainsi, le principe selon lequel l'essentiel d'un résultat est déterminé par un petit nombre de causes allait devenir une règle très utilisée dans tous les domaines scientifiques. Cette observation allait donner naissance au « principe de Pareto ». En y recourant, on peut postuler que 20 % des problèmes ou des efforts engendrent 80 % des difficultés ou des gains.

Ce principe est souvent appliqué en gestion. Au service à la clientèle, 80 % des réclamations proviennent de 20 % des clients. En gestion de projets, 20 % de l'accomplissement d'une mise au point nécessite 80 % de l'effort. En gestion de production, 20 %

des produits représentent 80 % du chiffre d'affaires. Du point de vue prescriptif, le principe de Pareto suggère de se concentrer sur le petit nombre de faits qui explique le plus grand nombre de choses. Ainsi, on obtient une part importante des résultats en déployant des efforts relativement modestes.

Appliqué au domaine de la négociation, il est possible de penser qu'on peut dénouer une majorité de pièges psychologiques en utilisant un nombre réduit de stratégies. On parle alors de stratégie générique pouvant s'appliquer à la plupart des négociations. Nous avons formulé ces stratégies de base sous la forme d'habitudes de négociation. Dans le cas de problèmes de négociation de nature psychologique plus pointus, nous invitons le lecteur à revoir les chapitres qui en traitent spécifiquement.

Ce chapitre se veut donc une synthèse du livre et propose quatre habitudes de négociation de base qui vous permettront de désamorcer un grand nombre de pièges psychologiques: 1. acquérir une perspective globale ; 2. montrer que la collaboration est possible ; 3. utiliser les pertes comme levier de négociation ; et 4. partager la victoire avec l'autre.

Acquérir une perspective globale

Au début de la négociation, il est primordial d'avoir une vue d'ensemble de la problématique : connaître ses objectifs et ses priorités sur le plan de la négociation et bien comprendre les rapports de force qui sont en jeu. Trop souvent, les négociateurs inexpérimentés foncent tête première dans une négociation en adoptant l'attitude du « on verra en chemin ». Pourtant, les recherches et l'expérience le confirment : la préparation compte pour 50 % du succès d'une négociation. Sachez acquérir une perspective globale avant de commencer une négociation.

Créer une liste des besoins à considérer

En se préparant à une négociation, si on comprend le conflit dans sa perspective globale, on pourra s'ajuster plus rapidement aux événements. Voilà un avantage qui peut déterminer l'issue des discussions qui viendront par la suite. En effet, lorsqu'on a clairement défini ses besoins, ses objectifs et ce sur quoi on est prêt à faire des concessions, on est beaucoup moins vulnérable au jeu de l'autre partie car, pendant la négociation, on sera en mesure de recentrer constamment les échanges sur ce qui est réellement important pour nous.

Il s'agit donc de se constituer une carte routière de satisfaction de nos intérêts. Tout au long des discussions, on pourra y référer, d'une part, pour être certain de ne rien oublier et, d'autre part, pour s'assurer de toujours garder le cap sur nos objectifs. En utilisant cette liste de besoins et de priorités, on évitera le grand piège de l'illusion de transparence. En effet, comme on l'a vu précédemment, les personnes qui négocient oublient trop souvent de communiquer clairement à l'autre partie ce qui est important pour elles. De cette manière, même si on dispose d'une très petite marge de manœuvre, on a au moins la certitude que l'autre partie est pleinement consciente de nos intérêts.

Un autre piège à éviter est celui des concessions à l'aveugle. En disposant de balises autour desquelles recentrer les discussions, on évite de perdre de vue nos intérêts et de faire des concessions inefficaces dans le feu de l'action. En effet, il est toujours douloureux de s'apercevoir après coup qu'on a cédé sur des choses prioritaires pour obtenir des gains qui sont en fait secondaires.

Évaluer le rapport des forces en présence

Dans un autre ordre d'idées, une perspective globale comprend aussi une analyse des rapports de force en jeu. Une telle analyse nous permet d'avoir des attentes plus réalistes, notamment jusqu'où on peut espérer satisfaire nos intérêts. En effet, il est très important, dans notre analyse de la situation, d'évaluer le plus justement possible nos ressources et celles dont dispose l'autre partie. Parfois, le rapport de force n'est clairement pas à notre avantage et il est bon d'en être conscient. S'il est courageux de s'opposer à un char d'assaut avec un couteau, il n'en demeure pas moins que l'aventure est suicidaire.

Cependant, l'évaluation du rapport de force ne doit pas être un prétexte à abdiquer, mais plutôt un élément stratégique des objectifs réalistes d'une négociation. Bien comprendre notre option de rechange en cas d'échec des négociations constitue une excellente façon d'être réaliste. Que se passe-t-il s'il y a échec des discussions? Que pouvons-nous faire indépendamment de l'autre pour satisfaire nos intérêts? Il ne faut pas perdre de vue que toute amélioration de notre solution de rechange au moyen de la négociation est une victoire. Ainsi, en situation de faiblesse, il peut être stratégique de privilégier un ou deux intérêts que nous voulons satisfaire. Oui, nous ferons plus de concessions que l'autre, mais nous pourrons ainsi obtenir l'essentiel.

Les tactiques pour débloquer les impasses

Avoir une perspective globale constitue un excellent levier pour désamorcer les impasses d'une négociation et les tactiques de l'autre. Ainsi, il peut arriver que l'autre partie aborde des sujets qui n'étaient pas initialement prévus dans la négociation. Votre «carte routière de satisfaction de vos intérêts» est l'instrument tout désigné pour ramener les échanges sur ce qui est important pour vous. Ainsi, bien que vous deviez considérer le point de vue de l'autre, il est impératif de ne pas perdre de vue vos propres objectifs.

Imaginons que l'autre partie arrive non préparée à la rencontre et s'attarde sur des sujets en apparence sans importance. En vous référant à votre carte routière de satisfaction de vos intérêts, vous pouvez donner le ton aux discussions en prenant l'initiative et en exposant rapidement vos besoins et vos intérêts. Par la suite, vous pourrez inviter l'autre partie à faire de même. Dans ce cas, c'est vous qui enclenchez et guidez le processus de négociation en donnant l'exemple. En effet, puisque l'autre partie n'est pas préparée et que vous l'êtes, il y a fort à parier pour que votre interlocuteur accepte de suivre la démarche que vous proposez.

Dans d'autres circonstances, il peut arriver que l'autre partie entretienne volontairement des échanges flous et refuse de prendre position. Si vous vous trouvez dans cette situation, vous pouvez appliquer le principe du *strip-tease*. Pour débloquer la situation, il faut s'assurer que chacune des parties déballe progressivement son sac et explique ses objectifs et ses priorités. Pour démarrer ce processus, il suffit de communiquer à l'autre un élément important pour nous dans la négociation. Ensuite, on lui demandera ce qui, pour lui, est important, et ainsi de suite. Cette façon de procéder permet d'aborder progressivement les enjeux principaux de la négociation et, surtout, d'obliger l'autre partie à se commettre graduellement. En privilégiant cette approche, il est plus prudent de commencer l'échange avec des éléments moins stratégiques pour éviter de transmettre des informations tactiques à un interlocuteur qui déciderait de négocier de façon compétitive.

Même si le rapport de force est à notre avantage, il est tout de même envisageable que l'autre partie s'entête à faire des demandes tout à fait irréalistes. En général, lorsque le rapport de force est en notre faveur, cela signifie souvent que le *statu quo* est à notre avantage. Ainsi, vous pouvez ramener votre interlocuteur à la réalité assez rapidement en lui posant la question suivante : « Expliquez-moi pourquoi ce que vous me proposez vaut mieux que le *statu quo* et pourquoi je devrais faire des efforts supplémentaires. » En effet, l'autre partie doit bien saisir que vous êtes satisfait de la situation actuelle, et que l'échec ou la réussite des négociations vous importe donc assez peu. Dans cette perspective, l'autre partie sera forcée de constater que ses demandes doivent demeurer réalistes, car c'est elle qui a le plus à perdre. Connaître sa solution de rechange est un élément clé de cette stratégie.

Parfois, l'autre partie est intransigeante et utilise au maximum son rapport de force. Lorsqu'on a affaire à des gens beaucoup plus puissants que nous, on ne doit pas nécessairement se plier à leurs demandes (même si on est en position d'infériorité). En effet, vous devez comparer les propositions de l'autre partie à votre solution de rechange. Si l'autre partie vous propose une solution moins avantageuse que la vôtre, alors vous n'avez qu'à refuser son offre (votre carte routière vous servant de garde-fou). Ainsi, peu importe la force de l'autre, vous pourrez toujours lui montrer que vous avez un plan B et que vous n'êtes pas intimidé. Par contre, si vous n'avez pas vraiment de solution de rechange, rappelez-vous qu'un verre d'eau au quart plein est quand même mieux qu'un verre d'eau vide !

Montrer que la collaboration est possible

La deuxième importante habitude à acquérir consiste à ne pas tenir pour acquis que la collaboration jaillit tout naturellement. Au contraire, il faut installer les conditions gagnantes et il faut surtout qu'une personne fasse les premiers pas. Soyez stratégique, devenez cette personne. Dès les premiers échanges avec l'autre partie, adoptez une approche collaboratrice et donnez le ton à la suite des négociations. L'autre doit comprendre que la collaboration est possible.

Envoyer un signal clair de notre désir de collaborer

Le grand défi est d'éviter de tomber dans une compétition accidentelle. Ainsi, avec prudence, il faut rapidement faire preuve d'ouverture et afficher sa bonne volonté. L'objectif est de faire comprendre à l'autre partie qu'une démarche respectueuse et constructive est envisageable. Bien évidemment, il n'y a pas de garantie que l'autre agira avec réciprocité. Toutefois, comme le chapitre sur la compétition accidentelle l'a démontré, si personne ne fait les premiers pas, il est fort probable que les négociateurs s'aventureront dans une approche compétitive même si ce n'est pas leur premier choix. Ce qui importe, c'est de clairement montrer que des échanges basés sur la collaboration sont possibles. À partir de ce moment, vous aurez au moins désamorcé le piège de la compétition accidentelle.

Néanmoins, il faut que le signal de coopération soit clair. Ne faites pas comme le prétendant qui dit à la personne convoitée qu'elle est «une bonne amie» alors qu'il veut lui dire: «J'aime être avec toi.» Même si les messages semblent équivalents, il y a fort à parier que le premier message ne créera pas d'ouverture amoureuse. Il en va de même en négociation. Annoncez clairement votre geste d'ouverture et positionnez-le comme un geste de bonne foi. Assurez-vous que l'autre saisit bien que vous désirez faire une concession pour ouvrir le jeu.

Enfin, ne soyez pas suicidaire. Le choix de votre geste d'ouverture doit être stratégique. Ainsi, il importe de ne pas faire de concession sur un élément vital des négociations. En effet, le geste d'ouverture sert à lancer un message et à tester la réaction de l'autre. Il ne s'agit pas de vous mettre en position de faiblesse. Stratégiquement, il faut aborder un élément qui n'est pas prioritaire en ce qui concerne votre vision à long terme. Voilà pourquoi on parle souvent de concession symbolique quand on parle de geste d'ouverture pour démontrer sa bonne foi.

Retarder au maximum la recherche de solutions

Tabler sur la collaboration, c'est plus qu'une simple attitude de coopération, c'est aussi une démarche. Pour que la collaboration soit efficace comme stratégie de négociation, il importe que les négociateurs adoptent une vision globale commune. Pour ce faire, il faut qu'ils comprennent les enjeux de la négociation avant de chercher une solution.

Malheureusement, comme nous l'avons présenté dans le chapitre traitant de l'effet d'ancrage, à partir du moment où les parties échangent sur une offre initiale, il se crée inconsciemment un point d'ancrage et la suite des négociations reste marquée par cette intervention initiale. Non seulement réduit-on la capacité des parties de trouver des solutions créatives, mais il est aussi possible qu'un règlement satisfaisant soit remis en question à cause d'une première offre souvent lancée arbitrairement. Par ailleurs, la première personne qui fait une offre a un avantage stratégique en négociation.

Trop de négociations échouent simplement parce que, initialement, les parties n'ont pas pris le temps de bien se comprendre (intérêts et motivations profondes) et, distraites par un point d'ancrage, elles ont consacré toutes leurs énergies à élaborer des solutions à l'extérieur d'une zone d'entente possible. C'est dans cette perspective qu'il est crucial de retarder l'exploration de solutions tant qu'une vision globale des négociations n'a pas été élaborée. Néanmoins, il est tout de même stratégique d'être prêt à faire la première offre le moment venu.

Les tactiques pour débloquer les impasses

Il est généralement avantageux de prendre l'initiative dès le début des discussions. Vous pouvez rapidement montrer qu'avec vous la collaboration est possible. Comme cette action est complètement de votre ressort, c'est à vous de la mettre systématiquement en application. Vous pouvez, dès le départ, aborder les négociations comme suit: «Je préférerais qu'on aborde le problème dans un mode de collaboration. Par contre, je peux tout aussi bien négocier de façon compétitive si vous le désirez.»

Parfois, l'autre partie peut ne pas répondre positivement à vos propositions. Il faut alors vous assurer qu'elle a bien eu l'occasion de comprendre clairement votre message (peut-être étiez-vous trop subtil dans vos signes d'ouverture). Si l'autre partie est effectivement en mode compétitif et refuse votre invitation à la collaboration, vous pouvez lui indiquer qu'elle peut choisir le ton que prendront les négociations et lui montrer l'intérêt qu'elle aurait à préférer la collaboration. Par exemple, vous pouvez lui dire : « Je n'avais pas envisagé qu'on négocierait de façon compétitive mais, si vous y tenez, je n'y vois aucun problème. Quand vous en aurez assez, vous n'aurez qu'à me le dire et on pourra revenir à une approche plus collaboratrice. » Même si cette stratégie apparaît simpliste, elle est d'une redoutable efficacité.

Dans un même ordre d'idées, l'autre partie peut également vous prendre de court avec une offre écrite. Si, dès le début des négociations, l'autre partie joue la carte de l'offre écrite (car elle veut créer un point d'ancrage à son avantage), vous devrez prendre son offre et la mettre de côté. Vous pourrez ensuite ajouter : « Écoutez, avant de lire votre offre, je veux bien comprendre à quels besoins elle répond. Je pourrai par la suite mieux évaluer si elle me convient ou non. Expliquez-moi les besoins qui vous ont conduit à faire cette offre et je vous expliquerai les éléments qui font que je l'accepterai ou non. » En effet, il n'est pas stratégique de considérer une offre écrite avant même de disposer d'un cadre de référence pour bien comprendre les enjeux de la négociation (les besoins et les intérêts des deux parties).

Dans certaines situations, l'autre partie tient absolument à ce qu'on discute de son offre. Dans la mesure où l'autre refuse d'échanger sur les intérêts et insiste pour qu'on discute de son offre, deux scénarios s'offrent à vous pour vous en sortir. D'abord, vous avez été prévoyant et vous avez préparé une offre écrite que vous pouvez remettre immédiatement à votre interlocuteur. Ainsi, il y a de fortes chances pour qu'à la lecture des deux offres, les positions soient très éloignées. Donc, ni l'une ni l'autre des parties n'aura bénéficié de l'effet d'ancrage et les négociations seront toujours au point de départ. Par contre, si vous n'êtes pas préparé et que vous n'avez pas d'offre en main, vous pouvez demander à l'autre partie de vous accorder un certain temps pour analyser son offre. Rendez-vous à votre bureau, ne lisez pas son offre et rédigez-en une rapidement avant de lire celle de l'autre partie. Vous pourrez par la suite la transmettre à vos interlocuteurs en leur indiquant que vous aviez également une offre initiale à leur faire lire. Vous aurez ainsi neutralisé l'avantage associé à la première offre, soit l'effet d'ancrage.

Utiliser les pertes comme levier de négociation

La réaction intuitive des négociateurs peu expérimentés est de parler des gains et d'éviter de parler des pertes. Comme nous l'avons constaté dans le chapitre portant sur l'accentuation des pertes, il s'agit d'une erreur stratégique. En négociation, des solutions qui minimisent les pertes ont beaucoup plus de poids psychologique que celles proposant des gains. C'est dans cette perspective que nous vous suggérons d'acquérir l'habitude d'utiliser les pertes comme levier de négociation.

Cibler l'amortissement des pertes de l'autre

En négociation, la plupart des gens centrent leur attention sur les bénéfices. Ils essaieront de convaincre l'autre qu'en acceptant leurs propositions, il en tirera des bénéfices importants. C'est dans cette perspective qu'ils tenteront d'en mettre le plus possible sur la table pour en arriver à une entente. Pourtant, psychologiquement, les gens sont plutôt préoccupés par ce qu'ils risquent de perdre que par ce qu'ils peuvent gagner. Sachant cela, on peut utiliser cet effet psychologique à notre avantage pour faire avancer les discussions. Il s'agit là d'un levier très puissant qui est, la plupart du temps, sous-estimé.

En effet, la majorité des personnes cherchent à perdre le moins possible au cours de la négociation et les occasions de gains deviennent souvent secondaires. Dans cette perspective, la stratégie pour utiliser l'accentuation des pertes comme levier de négociation est simple. Il faut s'intéresser aux problèmes et aux préoccupations de l'autre et faire des propositions qui y répondront. En agissant de cette manière, on minimisera le sentiment de perte de notre interlocuteur, ce qui est un moteur très puissant pour faire progresser les négociations.

Présenter vos demandes comme un amortissement de vos pertes

Dans un même ordre d'idées, si, au cours de la négociation, on cherche à obtenir de l'autre partie des concessions, on aura tout avantage à présenter nos demandes comme une façon de minimiser nos pertes et non comme un gain. Dans cette situation, on utilisera la perception de perte à notre avantage. En effet, comme nous l'avons constaté dans le chapitre sur la perception d'équité, les demandes faites pour amortir les pertes sont perçues comme plus justes que celles faites pour augmenter les profits. Autrement dit, les demandes faites pour amortir nos pertes seront beaucoup mieux reçues par l'autre partie.

Cette stratégie présente deux avantages importants. D'abord, s'il est facile de demander à une personne d'être moins gourmande, il est difficile de lui dire qu'elle doit accepter des pertes pour conclure une entente. Ainsi, en présentant vos demandes comme un amortissement des pertes, il est beaucoup plus difficile pour votre interlocuteur de trouver des arguments pour refuser votre demande. Cette formulation permet aussi de ménager l'orgueil de votre interlocuteur. En effet, il est plus facile pour lui de justifier la concession qu'il vous fait. Il ne cède pas à un caprice mais à un besoin légitime. Ainsi, il n'a pas l'impression que sa concession vous donne un avantage sur lui.

Les tactiques pour débloquer les impasses

En négociation, lorsqu'on arrive à une impasse, il peut s'avérer stratégique d'utiliser les pertes comme levier de négociation. Dans ces cas, on demande à l'autre quel est, selon lui, le principal irritant de notre offre et de quelle façon on pourrait l'amoindrir. Comme nous l'avons mentionné précédemment, réduire les pertes de l'autre est beaucoup plus efficace et bien moins coûteux que de proposer un gain pour l'amener à accepter une entente. Il sera alors possible de minimiser les concessions qu'on doit faire pour débloquer la situation.

Dans d'autres circonstances, l'autre partie peut trouver l'entente satisfaisante mais avoir peur des imprévus (pertes potentielles). Voilà l'occasion idéale de mettre en place un plan de contingence qui consiste à proposer une solution présentant plusieurs scénarios possibles dans laquelle on inclut la possibilité de revenir à la négociation si les événements l'exigent. Ainsi, on rassure l'autre partie quant à sa peur hypothétique de perdre, car on spécifie clairement que si tout ne se passe pas comme prévu, personne n'aura à absorber unilatéralement les pertes. Prévoir la gestion des imprévus est souvent un levier de négociation puissant.

Parfois, l'autre partie vous demandera de faire une concession majeure, car elle prétend que sa proposition est particulièrement généreuse. Dans cette situation, vous pouvez utiliser l'effet psychologique associé à l'accentuation des pertes à votre avantage. Vous pouvez minimiser la valeur de l'offre de votre interlocuteur en répliquant que sa proposition ne constitue pas un gain réel pour vous, car elle vient plutôt amortir vos pertes. Il est normal que l'autre amortisse vos pertes, mais cela ne constitue pas un gain. Ce faisant, vous reconnaissez que l'autre fait preuve de justice en compensant vos pertes, mais vous diminuez l'importance de son offre. Puisqu'il n'y a pas vraiment de gain, vous n'êtes pas obligé de faire vous aussi une concession supplémentaire.

Dans l'entente finale, il est possible que vous vouliez en obtenir davantage sans toutefois avoir l'air d'exagérer. Pour obtenir de l'autre partie une concession supplémentaire tout en évitant de passer pour un radin qui en demande trop, vous pouvez encore une fois employer le levier associé à la minimisation des pertes. Vous n'avez qu'à présenter votre demande en précisant qu'il s'agit pour vous de réduire l'ampleur d'un problème spécifique que vous avez (celui de minimiser vos pertes). Présentée ainsi, votre demande aura beaucoup plus de chances d'être perçue par l'autre comme légitime et plus justifiable.

Partager la victoire avec l'autre

La dernière habitude à développer, et non la moindre, consiste à partager la victoire avec l'autre. En effet, l'orgueil et l'image de soi sont souvent au cœur d'une négociation, et bien des ententes pourtant intéressantes pour les deux parties n'ont pas été signées parce qu'une d'elles avait l'impression que la signature de l'accord lui ferait perdre la face. Dans cette optique, préserver l'image sociale et la réputation de l'autre pendant la négociation peut devenir un enjeu majeur.

Éviter de mettre l'honneur sur la ligne de feu

En général, quand les gens négocient, ils recherchent plusieurs choses : trouver une solution acceptable, maintenir la relation avec l'autre et préserver leur image sociale. Il faut donc toujours se rappeler que la partie adverse ne cherche pas simplement à satisfaire ses besoins, mais aussi à préserver son image sociale pendant la négociation. Cela peut même devenir plus important que tout le reste lorsque l'image d'une personne risque d'être remise en cause. En effet, pour plusieurs d'entre elles, il est très important de gérer l'impression qu'elles dégagent en présence de leurs collègues pendant la négociation.

Ainsi, il importe d'éviter que l'autre refuse une entente simplement parce qu'il perd la face s'il accepte la solution proposée. Par exemple, si on fait une proposition sous forme de menace (pour mettre de la pression), même si l'autre partie peut y trouver son compte, elle sera en quelque sorte coincée car en l'acceptant, elle semble dire tout haut que la menace a fonctionné et, donc, qu'elle est faible. Ainsi, il faut absolument éviter de créer un contexte dans lequel l'autre partie est pratiquement forcée de refuser notre offre simplement pour conserver son honneur.

De plus, il est possible de transformer ce piège en avantage lors d'une négociation. En effet, une proposition qui, à la base, est correcte peut devenir beaucoup plus intéressante à accepter pour notre interlocuteur si on la présente sous une forme qui valorise l'autre. Souligner en quoi l'autre nous a fait changer d'avis, valoriser son attitude professionnelle ou encore le laisser présenter la solution finale comme la sienne sont autant de stratégies permettant de partager la victoire avec l'autre. C'est parfois la concession la plus payante qu'on puisse faire.

Laisser un certain contrôle par rapport aux décisions

L'impression qu'a une partie de son contrôle réel peut également modifier le cours des discussions ; en effet, personne n'aime être trop contraint même si les décisions vont dans la bonne direction. Ainsi, la liberté de choix et la capacité réelle d'influencer le déroulement d'une négociation doivent être perçues par les parties pour que des échanges constructifs aient lieu.

En laissant une certaine marge de manœuvre par rapport aux décisions qui sont prises pendant les discussions, on minimise les effets nuisibles associés à la dévaluation réactionnelle, soit la tendance des parties à diminuer ou à dévaluer la valeur des propositions de l'autre simplement parce qu'elles proviennent de ce dernier. Pour mettre en action cette habitude de négociation et pour éviter ce piège, on essaiera de proposer plusieurs options. De cette façon, en exerçant son choix, l'autre partie a l'impression d'avoir choisi la solution finale.

Les tactiques pour débloquer les impasses

Parfois, l'autre partie peut mettre de la pression en remettant en cause votre crédibilité. Il faut rapidement lui faire comprendre qu'elle a tout intérêt à cesser de jouer cette carte, car vous vous verrez dans l'obligation de refuser ses propositions (même si elles sont bonnes). En effet, vous pouvez lui expliquer qu'elle vient de créer une situation où vous serez obligé de refuser ses propositions parce qu'en les acceptant, vous perdrez tout simplement la face. Si l'objectif de l'autre partie est de conclure une entente, elle a tout intérêt à changer rapidement de stratégie.

Dans certaines circonstances, on désire faire une offre finale, mais on craint que l'autre ne la refuse pour éviter d'avoir l'air d'avoir cédé à un ultimatum. Il devient alors très important de trouver deux ou trois variantes de vos solutions finales (même si ce n'est que sur des détails techniques). Ainsi, si vous laissez à l'autre la possibilité de choisir l'une des options qui lui sont proposées, vous lui donnerez l'impression d'avoir le dernier mot, ce qui peut être suffisant pour l'inciter à signer l'entente. N'oubliez pas que les personnes croient qu'elles ont moins de chance d'avoir un accident de la route lorsqu'elles conduisent (plutôt que lorsqu'elles sont des passagers), simplement parce qu'elles ont le contrôle.

Si, au cours des discussions, il y a réellement eu atteinte à l'honneur de l'autre et que vous sentez qu'il sera difficile d'en arriver à une entente, vous pouvez lui proposer de s'accaparer tous les honneurs de la victoire en lui laissant faire une « crise » publique juste avant la signature (afin de redorer sa crédibilité). Il s'agira de la même entente, mais après la crise, l'autre pourra clamer que vous avez cédé et s'approprier la victoire. En effet, la gestion des apparences est parfois la clé de l'acceptation d'une entente.

Il est également possible que vous ayez mis de la pression sur l'autre partie en minant sa crédibilité. Pour réparer cette maladresse, vous pouvez tout simplement l'admettre. Dites-lui que vos propos ont dépassé votre pensée, qu'il était inapproprié de vous emporter et que vous avez perdu de vue la vraie nature du problème. Même si cela peut paraître bien simple, admettre sa faute avec authenticité peut permettre de redémarrer les discussions sur une base constructive, sans que vous ayez à payer trop cher pour réparer votre impair.

Enfin, dans certaines circonstances, c'est l'autre qui a créé un contexte où votre image a été ébranlée et vous êtes coincé parce que si vous acceptez son offre, vous perdrez la face. Dans ce cas, vous pouvez d'abord le dire à l'autre: «Écoutez, vous avez créé une situation dans laquelle il m'est à peu près impossible d'accepter vos propositions parce qu'avec vos déclarations, mon honneur est sur la ligne de feu et si j'accepte, je perdrai la face.» Ensuite, remettez-lui la balle en lui demandant comment il pourrait reformuler ses propositions pour que, cette fois-ci, vous les trouviez acceptables. Lorsque l'autre sera conscient du problème, il y a fort à parier qu'il trouvera une solution pour obtenir une entente. Il est important de formuler la requête sous la forme d'un objectif commun: «Comment présenter les choses de manière que ni l'un ni l'autre d'entre nous ne perde la face.»

***

Si l'on se réfère à la question initiale que posait le premier chapitre, à savoir: «Sommes-nous des négociateurs parfaitement rationnels?», il apparaît évident, à la lecture de ce livre, que nous pouvons répondre non. Cependant, on sait maintenant qu'il est possible de contrôler de façon stratégique cet aspect irrationnel afin de déjouer un grand nombre de pièges psychologiques susceptibles de faire dérailler les négociations.

En effet, dans cet ouvrage, nous avons présenté en détail huit facteurs ou effets psychologiques nuisibles qui doivent être considérés dans tous les types de négociations, et nous avons surtout proposé une vaste gamme de stratégies pour les neutraliser, voire les utiliser à notre avantage. De plus, dans une optique pragmatique, nous avons montré quatre habitudes de négociations de base qui, appliquées systématiquement, vous permettront de satisfaire vos intérêts et de faire débloquer la plupart des négociations difficiles.

Il serait malgré tout malhonnête d'affirmer que les aspects psychologiques permettent de débloquer toutes les négociations.

Les psychologues racontent cette blague : « Combien de psychologues faut-il pour changer une ampoule ? Un seul, mais il faut que l'ampoule veuille bien être changée. » Autrement dit, contrôler les aspects psychologiques est un important levier de négociation, pour autant qu'il y ait bel et bien quelque chose à négocier et que notre interlocuteur ait l'intention de négocier. Par contre, s'il y a une occasion réelle de négociation, comprendre et maîtriser les aspects psychologiques permettent de maximiser le potentiel de la situation. C'est dans cette perspective que nous espérons que cet ouvrage vous permettra de devenir de meilleurs négociateurs.

Table des matières

Imprimé sur du papier Quebecor Enviro 100 % postconsommation, traité sans chlore, accrédité Éco-Logo et fait à partir de biogaz.

certifié | procédé sans chlore | 100 % post-consommation | archives permanentes | énergie biogaz